零廢話歷史課

陳涇名——著

U0087459

宗教派系 × 經濟權衡 × 政治鬥爭，誰說史實不能比八點檔更狗血！

歷史比你想的還獵奇！跨越時空的中外史事大揭密

從盤古開天聯想到上帝創世，從文明起源加速到工業革命；
春秋五霸其中一霸應該被除名？羊比佃農更值得擁有土地？

別以為歷史很正經，字裡行間其實都是赤裸裸的人性！

目錄

目錄

世界篇

目錄 ——————————————————————

前言

人類的歷史就像一幅宏大的畫卷，從悠遠水域的經典，到橫亙山脈的傳奇；從文藝復興的人文風尚，到思想啟蒙的理性之光；從工業革命的技術進步，到現代科技的跨越發展。歷史無時不刻不在演繹著波瀾壯闊與多彩多姿。在幾千年的發展歷程中，各個國家和民族的人們也都在依靠勤勞和智慧，紛紛在這張畫卷上留下了自己個性鮮明的一筆，共同鑄成了人類社會燦爛的文明史。

歷史發展到 21 世紀的今天，我們仍需要溫故知新，不忘歷史。因為，人類文明的歷史紀錄中，蘊含著寶貴和豐富的經驗與真知，是我們了解昨天、把握今天進而創造明天的有力工具。翻開歷史的畫卷，各個國家和時代的歷史人物都栩栩如生，如在眼前。古代文明色彩斑斕，人類生活真切鮮活，歷史事件宛然在目，令我們無法不對歷史的精彩感慨萬千。

本書旨在幫助讀者更了解歷史，以編年體通史的方式，將中國和世界幾千年在政治、經濟、文化、軍事等領域內曾經發生的重大事件，及影響歷史發展進程的重要人物進行全面而清楚的整理，從而將人類歷史上的里程碑和轉捩點、衝突和戰爭、創造和發現、崛起和衰落等，一一呈現在讀者面

前言

前。讀者可以透過本書清楚看到,中國及世界各個民族在各個歷史階段適應自然、改造自然、不斷進步的旅程,從而更了解中國與世界的文化與精神的精髓所在。

　　本書內容上起史前文明,下迄蘇聯解體,橫跨歐、亞、非、美等各大洲,中外皆錄,古今縱覽,體例上以時間為經、以空間為緯,全面記錄了世界歷史的發展,幾乎貫穿了整個人類的歷史旅程,將中國與世界歷史的風貌演繹得真實而鮮活。我們相信,透過閱讀本書,讀者們能更清楚了解人類歷史的發展脈絡。

中國篇

史前時期的傳說

盤古開天闢地

　　盤古是中國古代傳說時期中開天闢地的神。盤古最早見於三國時徐整所著的《三五曆紀》。其後，梁任昉所撰的《述異記》中也稱盤古身體化為天地各物。《五運歷年紀》（作者及成書年代不詳，一說為徐整所著）及《古小說鉤沉》收錄的〈玄中記〉中也有類似記載。

▶ 盤古開天地

　　傳說在天地還沒有開闢以前，宇宙像一個大雞蛋，一片混沌，沒有東南西北，也沒有前後左右。就是在這樣的一個世界裡，誕生了一位偉大的英雄，他的名字叫盤古。

　　盤古在這個「大雞蛋」中一直酣睡了大約一萬八千年，醒來後發現四周一片黑暗。他想伸展一下筋骨，但發現被「雞蛋」緊緊包裹著身體，令他感到呼吸都非常困難。於是，他勃然大怒，拔下自己一顆牙齒，把它變成巨大的神斧，掄起來用力向周圍劈砍。「嘩啦啦……」一陣巨響過後，「雞蛋」中的氣體散發開來，飄揚升到高處，變成了天空；另外一些渾濁的東西緩緩下沉，便變成了大地。從此，混沌不分的宇宙出現了天和地，不再是漆黑一片。

　　天空高遠，大地遼闊，但盤古還是十分擔心天地會重新合在一起。於是他叉開雙腳，穩穩地踩在地上，高高昂起頭

顧，頂住天空，施展法術，身體在一天之內變化九次。每當盤古的身體長高一丈，天空就隨之增高一丈，大地也增厚一丈。

　　經過一萬八千年的努力，盤古變成了一位頂天立地的巨人，而天空也升得高不可及，大地也變得厚實無比。天越來越高，地越來越厚，盤古的身體也長到了四萬五千里那麼長。但他仍不甘休，繼續施展法術，不知又過了多少年，直到天也無法更高，地也無法更厚。這時，盤古也已耗盡自己全部的力氣。他睜開雙眼，望了望自己親手開闢的天地，天地之間的萬事萬物再也不會生活在黑暗中了。盤古長長地吐出一口氣，躺在地上，閉上雙眼，與世長辭了。

▶ 天地萬物出現

　　偉大的英雄死了，但他的遺體並沒有消失。臨死前，盤古口中呼出的氣體，變成春風和天上的雲，聲音變成雷霆；左眼化成太陽，右眼變作月亮，頭髮成了星星；血液流淌成為江河湖海，肌肉鋪成千里沃野，骨骼長為花草樹木，筋脈劃分地面的道路；牙齒化成石頭和金屬，精髓凝成明亮的珍珠，汗水降為雨露。盤古倒下時，他的頭化作東嶽泰山，他的腳則化作西嶽華山，他的左臂也化作南嶽衡山，他的右臂化作北嶽恆山，他的腹部成為中嶽嵩山。傳說盤古的靈魂、魂魄也在他死後轉化成人類。所以，都說人類是世上的萬物之靈。

盤古完成開天闢地的偉業，逝世後留給後人無窮無盡的寶藏，成為中華民族崇拜的英雄。

女媧造人

盤古開闢了天地，他死後身軀則化成日月星辰、山川草木。這時，一位名叫女媧的女神來到天地間，在莽莽的原野上行走。她放眼望去，山嶺起伏，江河奔流，草木生輝；百鳥飛鳴，群獸爭馳，魚兒在水中嬉戲。世界已經變得相當美麗，但她還是感到寂寞，與山川草木訴說她的煩惱，對蟲魚鳥獸傾吐她的心事，可是都沒有得到回應。她坐在一個池塘邊，池水映出了自己的影子。一片樹葉落在池中，池水泛起了漣漪，她的影子也晃動起來。她突然覺得她的孤寂，是因為世界上缺少像自己這般的同類。

▶ 女媧用泥造人

感受到自己的孤單，女媧馬上用手在池邊挖了些泥土，照著自己的影子捏了起來。捏著捏著，捏成了一個小小的東西，模樣與女媧很相似，也有五官七竅，雙手雙腳。捏好後往地上一放，居然活了起來！女媧看了非常高興，又繼續捏了許多。她把這些小東西取名叫作「人」。

這些「人」是仿照神的模樣造出來的，行為舉止自然與

別的生物不同，也懂得和女媧交流。他們在女媧身旁歡呼了一陣，慢慢走散了。

女媧想讓世界各地都有她親手造出來的人，於是不停地工作，捏了一個又一個。但是世界太大了，她捏造泥人太久，雙手都已經麻痺，捏出的小人在大地上的數量仍然太稀少。她覺得這樣速度太慢，就順手從附近折下一條藤蔓，伸入泥潭並沾上泥漿向地上揮灑。結果點點泥漿都成了一個個小人，與用手捏成的模樣相似，這樣一來速度就快多了。

女媧在大地上造出許多人來，心中非常高興，寂寞也被一掃而空。她覺得很疲累，要休息一段時間，四處走走，看看那些「人」是如何生活的。

▶ 女媧讓人類繁衍

一天，女媧走到一個地方，見這裡人煙稀少，感到十分奇怪，便俯身仔細察看。見地上躺著不少小人，一動也不動。她用手撥弄，這些小人也沒有動靜。原來，這是她最初造出來的小人，現在已經白髮蒼蒼，壽終正寢了。

女媧見到這種情形，心中很著急，自己辛辛苦苦造的人正在不斷地衰老死亡。若要使世界上一直有人的存在，豈不是要永遠不停地製造？可治標不能治本。於是，女媧又參照世上萬物傳宗接代的方法，讓人類男女之間結合進而繁衍後

代。人是仿神的生物,不能與禽獸同等,所以她又為人類建立婚姻制度,使人類與禽獸有別。

═ 黃帝戰蚩尤 ═

傳說在數千年前,中國的黃河、長江流域一帶住著許多氏族並建立部落。其中,黃帝是黃河流域最有名的部落首領之一,另一個則叫炎帝,兩人是兄弟(也云兩人是近親)。

黃帝統領的部落,最早住在中國西北方的姬水附近,後來搬到涿鹿(今河北省涿鹿、懷來一帶),開始發展畜牧業和農業,定居在涿鹿。炎帝最早住在中國西北方姜水一帶。後來炎帝部落漸漸衰落,而黃帝部落反之則更加興盛。而在長江流域定居的九黎族,首領蚩尤十分強悍。

▶ 涿鹿大戰

傳說蚩尤有八十一個兄弟,他們個個人面獸身、銅頭鐵臂,凶猛無比。他們擅長製造刀、戟、弓、弩等各種兵器。蚩尤常常帶領他強大的族人,侵略、騷擾附近的部落。

有一次,蚩尤侵占了炎帝的領地,炎帝起兵抵抗,但他不是蚩尤的對手,這次戰鬥一敗塗地。炎帝心知無法孤軍奮戰,便逃到黃帝所在之處 —— 涿鹿,並請求黃帝的幫助。黃帝其實早就想除掉強悍、暴虐的蚩尤,於是他聯合各部落首領,在

涿鹿的田野上和蚩尤展開決戰。這就是著名的「涿鹿大戰」。

　　起初，蚩尤憑藉良好的武器和勇猛的士兵連連取勝。後來，黃帝請來龍和神話中的猛獸助戰。蚩尤的兵士雖然凶悍，但遇到黃帝的軍隊，加上一群神獸，也還是抵擋不住部落聯盟的攻勢，紛紛敗逃。

　　蚩尤又用法術製造一場大霧，使黃帝的兵士迷失方向。黃帝就利用天上的北斗星將會永遠指向北方的特點，發明一輛「指南車」，指引聯盟兵士衝出迷霧往前追擊。

▶ 消滅蚩尤

　　黃帝帶領兵士乘勝追擊，忽然間天昏地暗，濃霧迷漫；狂風大作，雷電交加，天上突然下起暴雨，黃帝的兵士無法繼續往前。原來，蚩尤請來「風神」和「雨神」助戰。

　　黃帝不甘示弱，請來天上的「旱神」（一說為天女）幫忙，驅散狂風暴雨。剎那之間，風止雨停，晴空萬里。黃帝見蚩尤確實難纏，就命應龍灑水。應龍張開巨口，如江河般的水流從上至下噴灑而出。蚩尤的軍隊沒有防備，被衝得人仰馬翻。他急令風伯、雨師掀起狂風暴雨向黃帝軍中襲去，只見地面上洪水暴漲，波浪滔天，情況危急。這時，女魃上陣，她施起神威，剎那間，從她身上放出滾滾熱浪。她所到之處風停雨消，烈日當頭。風伯和雨師無計可施，慌忙敗逃。黃帝率軍追上前大戰一陣，蚩尤大敗而逃。

經過多次激戰，黃帝先後殺死蚩尤的八十一個兄弟。但蚩尤的頭如銅鑄堅硬，以鐵石為食，他還能在空中飛行，在懸崖峭壁上也如在平地行走，黃帝難以捉住他。追到中國冀州中部時，黃帝突發奇想，命人用夔牛皮鼓使勁連捶九下，蚩尤頓時被嚇得魂喪魄散，失去行動能力，終於被黃帝捉住了。

黃帝命人給蚩尤戴上枷栲並殺了他。他擔心蚩尤死後作怪，便把他的身體和頭顱分別埋在兩處。蚩尤死之後，他身上的枷栲才被取下來，拋擲在荒山上，變成了一片楓樹林。那上面的每一片楓葉，都是蚩尤枷栲上的斑斑血跡。

蚩尤死後，他勇猛的形象仍然讓人畏懼，黃帝便把他的形象畫在軍旗上，用來激勵自己的軍隊，也用來嚇阻於和他敵對的部落。後來，黃帝贏得許多部落的支持，漸漸成為部落聯盟的首領，大家都尊奉他為天子。這就是軒轅（黃帝的名字），也稱黃帝。

小知識 —— 黃帝的功績

軒轅黃帝帶領百姓開墾農田，定居中原，奠定了華夏民族的根基。

黃帝多才多藝，有許多發明創造，比如造宮殿、造車、造船、製作五色衣裳等。黃帝有個妻子，名叫嫘

（音ㄌㄟˊ）祖，也是一位發明家，她還親自參與勞動工作。本來蠶都在野樹枝上，人們也不知道蠶會吐絲。是嫘祖教會人類養蠶、製絲、織帛。從此以後，中國開始有了絲綢文明。黃帝建造涼亭後，她還以此發想雨天能隨身攜帶、遮風避雨的涼亭—雨傘。

黃帝部落有一名史官，名叫倉頡，據說他創制古代文字。只是無從查考。

中國古代傳說中都十分推崇黃帝，後代的人們都認為黃帝是中華民族的始祖，人類是黃帝的子孫。因為炎帝族和黃帝族原本是近親，後來又結合在一起，所以華人也常常把自己稱為炎黃子孫。為了紀念這位傳說中的先祖，中國人後來在陝西省黃陵縣北面的橋山上，建造了一座「黃帝陵」。每年春天，世界各地的華人代表都聚集到這裡，共同朝拜這位中華民族的始祖。

原始社會時期

═ 母系氏族社會 ═

　　「母系氏族組織」是以母方血緣關係結成的原始社會基本單位。母系社會是在血緣家族進一步發展、逐步形成氏族的基礎上產生。母系氏族組織大約於舊石器時代晚期形成，規模到新石器時代達到巔峰，最後開始逐步被父系氏族組織所取代。

　　在母系氏族組織中，婦女們主導民生生活。世系則以母親為主，建立母系繼承制。孩子們只知其母，不知其父。婦女領導氏族組織，除了管理氏族組織內部事務外，婦女還從事採集和原始農業，使民生資源供給較為穩定。男子則主要從事狩獵。母系氏族組織的最高權力機構是議事會，由全體的成年婦女和男子參加，並享有平等決策權。

　　每個母系氏族組織都擁有自己的社名、墓地等。崇敬共同的神祇或圖騰。在婚姻關係上，母系氏族禁止族內群婚，必須和其他氏族組織實行族外群婚。在氏族組織裡，除了氏族組織成員個人日常使用的工具外，土地、房屋、牲畜等都歸氏族組織所有。氏族成員也都共同勞動，共同消費，沒有貴賤貧富之分，大家都過著平等的生活。

═ 父系氏族社會 ═

　　到了原始社會後期，由於生產力的發展，男子在生產中居於主導地位，逐漸掌握社會的經濟優勢，因此母系氏族社會逐漸轉化為父系氏族社會。

　　在父系氏族社會中，氏族由一個男性祖先和他的子女，以及他的男性子孫後代組成，子孫皆歸屬於父親。世系由男性傳遞，財產也按父系繼承。中國的龍山文化即處於父系氏族社會階段。從此，以父權為中心的家庭，成為與氏族對抗的力量，原始社會逐漸解體。男性依靠經濟優勢，在社會中處於領導地位，他們也要求按照父系來計算世系並繼承財產，母權制的婚姻秩序開始崩壞。原先從妻而居的傳統，也逐漸被一夫一妻制所取代。

　　在一夫一妻的制度下，婦女的勞動局限在家庭，以家庭勞動和副業為主，女子在家庭經濟中退居於從屬地位。最初，這種小家庭依附於父系大家庭。父系社會進一步發展後，小家庭便有了更多的獨立性和自主性，氏族社會漸漸走向瓦解。

　　以父系血緣為核心組成的家庭，有別於母系氏族組織的特徵。世系按父系計算，財產由子女繼承，男子是家庭和社會的核心，有權支配家庭的財產。出現的根本原因在於，婦女被排除在社會生產之外，身強體壯的男子進入農牧業和手

工業等生產性經濟領域，成為民生資源生產的主力，取得分配生活資源的權力，並將個人財產轉化為家庭的私有財產，進而建立將財產交由子女繼承的制度。這類歷史進程完成於男子娶妻，建立一夫一妻制家庭的形式。

　　隨著人口的不斷增加，父系氏族往往分化為若干父系家庭組織，但仍實行著民生資源的公有制，只是範圍已經大大縮小。當一夫一妻制個體家庭開始獨立生產和生活時，家庭成為社會生產、生活的基本單位，氏族制度走到了歷史的盡頭。父系氏族組織存在的時間，一般認為是在新石器時代的後期和青銅器時代的初期。

奴隸社會時期

夏朝的建立與衰亡

夏王朝是中國歷史上第一個奴隸制王朝。夏王朝的建立，從禹開始。

▶ 大禹治水

禹的父親崇伯鯀，是雄據位於黃河南岸的高山中，有崇氏部落首領。有崇氏與在黃河北岸太行山東麓的共工氏，都富有豐富的治水經驗。在堯舜時期，為了爭奪王權，鯀與共工先後對堯舜展開了激烈的鬥爭，結果都以失敗告終。

後來，禹又繼續聯合共工氏以及其他部落，在伊、洛、河、濟四條河流一帶，逐步展開治水的工作。他們改正過去以防堵洪水為主的錯誤作法，改為以疏導為主。就是依據地勢的高下，疏導高地的川流積水，使肥沃的平原能夠減少洪水氾濫的災害。

經過大禹的治理之後，大多群居在大平原邊緣地勢較高地區的居民，紛紛遷移到比較低平的原野，開墾較為肥沃的土地。而草木茂盛、禽獸聚居的藪澤地，則成為人們樂於定居之處。從此以後，資源生產力顯著提升，這就為奴隸制國家的建立提供必要的經濟基礎。

▶ 夏朝出現

禹在確立王權的過程中，又繼續征伐三苗部落（或稱有苗氏）。他率領眾多的邦國君王，以奉行天命自居，表明他已掌握了最高王權，取得了「天子」的地位。經過激烈的戰鬥，三苗部落最終戰敗。這是一次規模較大的武力征伐，透過征伐，夏禹的王權也不斷被強化。

禹在確立最高王權後，就在有崇部落所在地 —— 嵩山之陽建立了陽城（中國河南省登封縣告成鎮）作為都城，後來又遷往陽翟（今中國河南省禹縣）。

為了鞏固王權，禹又沿著潁水南下，在淮水中游的塗山（於今安徽省蚌埠市西郊懷遠縣境內），與夏、夷等諸多邦國部落進行大會師，史稱「塗山之會」。原來的部落首領大多分封世襲貴族，分別成為邦國君王。這次大會，也是夏王朝正式建立的重要里程碑。

▶ 夏朝衰亡

夏王朝到了帝孔甲時，開始由盛轉衰。孔甲淫亂暴虐，激起邦國內鬥，夏王朝的統治制度逐漸崩壞，引起不少諸侯國叛亂。從孔甲開始，夏朝逐步走向衰亡。

孔甲三傳到桀，桀也是中國歷史上有名的暴君。桀繼立時，為了降服叛變的諸侯，便多次以武力威逼東方許多邦

國，反而激起有緡氏等更多諸侯的叛亂。於是，夏桀出兵征討有緡氏。有緡氏雖然戰敗了，夏朝同時因此元氣大傷，加速滅亡的腳步。夏桀對國民是極其凶狠殘暴的，人民憤怒地發出了「時日曷喪？予及汝皆亡」的呼告！

外有諸侯叛離，內有人民抗爭，夏桀的統治已然無法維持。此時，商湯領導的勢力已在東方的孟諸地區漸漸壯大，他乘機起兵伐夏。夏桀勢單力孤，最終戰敗逃亡，死於南巢（安徽省巢湖北岸）。夏朝於焉滅亡。

從禹到桀，共傳十四代、十七位君王。夏王朝大約從西元前 21 世紀到西元前 16 世紀，統治了約 500 年左右。

小知識 —— 夏朝的軍隊

夏朝的軍隊是為了維護統治而誕生的戰爭工具。夏朝以前，各部落、部落聯盟之間的征戰由部落內部的青壯年男子承擔，夏建立後，中原形成了統一的部落共同體，並出現國家體制，因此專職戰鬥的組織是必不可少的。禹征三苗部落，稱其所統領的軍隊「濟濟有眾」；夏啟征有扈氏，嚴厲告誡所屬的軍隊要嚴格聽從他的指揮。足見當時已有強大的軍隊。

═ 商朝滅亡和西周建立 ═

商朝取代夏朝統治天下。然而商朝到了後期，政治環境也變得混亂。商朝亡國之君是紂王。他也像夏桀一樣，貪圖享樂而不論民生疾苦，同樣暴虐、凶殘。

▶「酒池肉林」

據說，商紂王在首都北邊的沙丘養著許多各地上貢的珍禽異獸，在首都的南邊修建鹿臺，存放無數的珍寶財物。他還建造「酒池」，裡面裝滿了美酒；還修建「肉林」，裡面掛滿香肉。紂王每天和妃子、大臣們在「酒池」、「肉林」中嬉戲遊樂。他修建的巨大倉庫裡，裝滿從全國各地掠奪來的糧食。

此外，紂王還發明許多殘酷的刑罰，其中一種叫「炮烙之刑」，就是把塗滿膏脂的銅柱放在燃燒的炭火上，強迫犯人在上面行走。犯人站不住，就會掉在炭火中最終活活燒死。

商紂王不聽取諫言，他的叔叔比干因為向他進言而被他挖心處死。另一個大臣勸他：「這樣將會有亡國喪命的危險！」商紂王卻回答：「我的性命是有上天保佑的，誰也不能拿我如何！」

▶ 周的出現

商紂王統治時期，在渭水流域的周國迅速壯大。周原來只是商王朝的諸侯國，周文王用心治理國家，非常重視農業生產，待人寬厚並懂得重用人才。呂尚（俗稱姜太公）就為他所重用。呂尚幫助周文王整頓政治和軍事，對內積極發展農業，使人民能夠安居樂業；對外征伐各部族，不斷擴大領土。周的勢力逐步走向強盛。

西元前 11 世紀中期，周文王死後，他的兒子姬發即位，這就是周武王。周武王得到了呂尚和叔旦（即周公旦）的幫助，國家日漸興盛。這時候，商朝的統治卻更加腐敗不堪。周武王便聯合西方和南方的部落，進攻商紂王。雙方在牧野（今河南省境內）展開大戰。

商朝的軍隊中大部分是奴隸，對紂王十分不滿，因此面對周王朝的軍隊時不但不抵抗，反而引導周軍攻入商朝首都。商紂王最終自焚而死，商朝終於滅亡。

戰爭勝利後，周武王得到各個部落和小國的擁戴，於西元前 1046 年建立了周朝，定都鎬京（在今陝西省西安市西南方），史稱「西周」。

═ 西周的分封制 ═══════

　　西周建立後，國家實行分封制，周天子以「受命於天」自居，號稱「天之元子」，是天下同姓宗族的大宗，居於至高無上的絕對領導地位。其王位由嫡長子世襲繼承，庶子則作為小宗族被分封為各地諸侯。小宗族在封國內又是同姓宗族的大宗，其王位也是由嫡長子世襲繼承，其餘庶子作為小宗分封為卿大夫。卿大夫在各自封地裡又是同姓宗族的大宗，其爵位仍由其嫡長子世襲繼承，其餘庶子作為小宗分封為士。這樣，根據宗法制和分封制，便形成天子、諸侯、卿大夫、士等各級宗族貴族組成的金字塔式階級制度。各個等級之間的相互關係，既是大小宗關係，也是上下級關係。每一個等級必須服從上一個等級，並有義務納貢、服役等。周天子位居階級頂端，不僅是所有姬姓宗族的領導者，而且透過「同姓不婚」、「娶於異姓」的聯姻原則，又成為有甥舅關係的異姓宗族的共主。

　　分封制是西周的政治制度。從目的上看，分封制是為了鞏固奴隸制國家的政權；從具體做法上看，周武王把王族、功臣和先代的貴族分封到各地為諸侯，建立諸侯國；從本質上看，分封制作為一種國家制度，它屬於上層階級，能解決統治階級內部矛盾。奴隸社會的主要矛盾是地主與奴隸之間

的矛盾，地主階級內部的矛盾是次要矛盾，但次要矛盾有時也居主導地位。分封制基於井田制的經濟基礎，發展為中國奴隸社會的上層階級。

西周的滅亡

西周末期，周幽王二年，涇、渭、洛三川都發生了地震。伯陽甫說：「周將滅亡了。天地間陰陽之氣有著不變的秩序；如果失掉秩序，那是人所擾亂的。陽氣沉伏在下面出不來，受陰氣壓迫無法上升，就會有地震發生。如今三川地區都發生了地震，就是因為陽氣偏離原有位置，而被陰氣鎮壓在下面。陽氣不在上反而處在陰氣之下，河川源流就必定受阻塞。河川源流受到阻塞，國家必然趨於滅亡。水土通氣順暢，才能為民生所用。土地沒有通氣滋潤，民生就會養用匱乏，國家必然走向滅亡。從前伊水、洛水枯竭因此夏朝滅亡；黃河枯竭因此商朝滅亡。如今周的德運正像夏、商末年，河川源流再現阻塞，河川源流被阻塞後必定要枯竭。國家的命運與山川相依存，山脈崩塌，河川枯竭，這是亡國的徵兆。這樣國家的滅亡用不了十年了，因為十是天數的一個循環。上天所要拋棄的事物，不會超過天數的一個循環。」這一年，果然三川枯竭，岐山崩塌。

西周幽王三年，幽王到後宮時見到褒姒，因其美貌動人

便開始寵愛她。褒姒生下兒子伯服，幽王廢申后和太子，立褒姒為王后，立伯服為太子。太史伯陽感慨地說：「褒姒帶來的禍患已經形成了，誰也無法奈何。」褒姒不愛笑，幽王為得她嫣然一笑，用盡各種辦法，褒姒仍然不笑。當時國境內設置許多烽火臺和大鼓，有敵來犯時，便點燃烽火以告諸侯。周幽王為得褒姒一笑，竟隨意點燃烽火。各地諸侯見到烽火，都紛紛率兵趕來支援。趕到後卻不見來敵。褒姒見狀竟大笑，幽王很高興，便多次點燃烽火逗笑褒姒。後來諸侯們憤於被天子戲弄，就不再來了。

周幽王任用虢石父為卿治理國政，石父為人奸佞巧詐，擅長阿諛奉迎，又貪利好財，而幽王卻重用他，國人因此深感不滿。幽王廢申后和太子後，申侯很氣憤，於是聯合繒國、犬戎攻打鎬京。幽王便點燃烽火召集諸侯來援，諸侯都以為幽王在遊戲，因此不肯率兵而來。申侯最後在驪山下殺死幽王。「岐山崩」的地震發生一年後，又一個暴虐無道的君王滅亡，西周滅亡，進入東周列國諸侯相爭的時期。

春秋五霸

從西元前 770 年到前 476 年，史稱「春秋時期」。兩百九十多年間，烽煙四起，戰火連天。僅據《春秋》記載的軍事行動就有四百八十餘次。司馬遷云：『《春秋》之中，

「弒君三十六，亡國五十二，諸侯奔走不得保其社稷者，不可勝數。」』

▶ 五個霸主

相傳，春秋初期的諸侯列國就有一百四十多個。經過連年征伐兼併，最後只剩較大的幾國。大國之間也互相攻伐以爭奪霸權。春秋時期，周天子失去往日權威，天子反而依附於強大的諸侯。強大諸侯國為爭霸，也互相征討、爭做霸主，先後稱霸的五個諸侯被稱為「春秋五霸」。春秋五霸一般指齊桓公、宋襄公、晉文公、秦穆公和楚莊王。

▶ 最先成為霸主的齊桓公

齊桓公在位時，任用管仲為相，促進國家內部統一。最終「九合諸侯，一匡天下」，最先稱霸。

齊桓公於西元前 685 年即位。即位後，在政治、經濟上積極進行改革，使齊國日益強大。齊桓公聽取管仲之見，以「尊王攘夷」的口號，即以尊周王室的名義，集結其他諸侯，抗擊威脅中原的少數民族，還出兵抵擋北上的南方強國楚，在諸侯國中樹立威信。後來，齊桓公又召集諸侯國在蔡丘會盟，周王室也派人參加，會盟上正式承認齊桓公的霸主地位。

▶ 不能算霸主的霸主宋襄公

齊桓公去世後，宋襄公一心想成為霸主。周襄王十三年（西元前 639 年）春，宋、齊、楚三國國君相聚在齊國的領地。宋襄公起初以盟主的身份自居，認為自己是這次會議的發起者，也認為自己的爵位比楚、齊國君高，盟主非己莫屬。

但是，楚成王令楚兵把宋襄王拘押起來，然後指揮五百乘大軍浩浩蕩蕩殺往宋國。最後宋襄公被楚國放走。急功近利、空講仁義是宋襄公失敗的主因。然誠信而以仁義待人，卻使他位列春秋五霸之一。不過有名無實，不能算是真正的霸主。

▶ 中原霸主晉文公

接著稱霸的是晉文公。西元前 633 年，楚成王率領楚、鄭、陳等國軍隊圍攻宋國都城商丘（今河南商丘縣南）。宋國最終派人到晉國求救。

晉文公採納部下的意見，爭取了齊國和秦國參戰，壯大國力。而後，他又改善晉國和曹、衛的關係，同時孤立楚國。這時，楚國令尹（宰相）子玉大怒，起兵討伐晉軍。

晉文公為避楚軍鋒芒，以便掌握戰機，命令部隊向後撤退九十里。古代軍隊行軍三十里叫做一舍，九十里為三舍。

晉軍「退避三舍」，後撤到衛國的城濮（今山東省鄄縣）。城濮離晉國比較近，軍事補給便利，又便於會合齊、秦、宋盟軍以集中兵力，可說是占盡地利。

西元前 632 年 4 月，晉楚兩軍交戰。晉軍誘敵深入，楚軍陷入重圍，全部被殲。城濮之戰創造在軍事上退讓一步而後發制人的著名戰例。此後，晉文公又請來周襄王，在踐土（今河南省廣武市）進行諸侯會盟。周天子封晉文公為「侯伯」（諸侯之尊），並賞賜他黑、紅兩色弓箭，允許他有權自由征伐。晉文公從此便成中原霸主。

▶ 另一個中原霸主楚莊王

齊國稱霸時，楚國因受齊國抑制停止北進，轉而向東吞併了一些小國，國力日漸強盛。齊國衰落後，楚國便向北擴張與晉國爭霸。西元前 598 年，楚莊王率軍在邲（今河南省鄭州市）與晉軍交戰並大敗晉軍。中原各國開始背晉向楚，楚莊王接繼稱霸。

▶ 帶領秦國強大的霸主秦穆公

晉國稱霸同時，中國西部秦國也日益壯大。秦穆公企圖向東逐鹿中原，但由於向東的通路為晉國所阻，轉而向西吞併十幾個小國，在函谷關以西一帶稱霸，史稱「稱霸西戎」，為「兼國十二，開地千里」。

　　諸侯大國不斷爭霸的現象，昭示周朝王權漸衰。自西元前 770 年周平王東遷洛邑（今河南省洛陽市）後，周朝王室權力衰微。從前天子統帥諸侯，「禮樂征伐自天子出」。爾後這些權力都落到諸侯手中，轉而成為「禮樂征伐自諸侯、大夫出」。地主也紛紛起而奪權，周朝奴隸制處於「禮壞樂崩」的境況。

小知識 ──「春秋五霸」的八種說法

　　關於「五霸」至少出現過七種說法。

1. 「齊桓公、晉文公、秦穆公、宋襄公、楚莊王」──《史記》
2. 「齊桓公、晉文公、楚莊王、闔閭、勾踐」──《荀子·王霸》
3. 「齊桓公、晉文公、秦穆公、楚莊王、闔閭」──《白虎通·號篇》
4. 「齊桓公、晉文公、秦穆公、楚莊王、勾踐」──《四子講德論》
5. 「齊桓公、晉文公、秦穆公、宋襄公、夫差」──《漢書·諸王侯表序》
6. 「齊桓公、晉文公、晉襄公、晉景公、晉悼公」──《鮚崎亭集外編》

7.「齊桓公、晉文公、秦穆公、鄭莊公、楚莊
王」——《辭通》

三家分晉

三家分晉指春秋末年，晉國被韓、趙、魏三氏族瓜分的史事。西元前 376 年，韓、趙、魏廢晉後悼公，瓜分晉王室所有的地產。因此，韓、趙、魏三家又被合稱為「三晉」。

三家分晉於歷史上具有劃時代的意義。周威烈王二十三年（西元前 403 年），周威烈王封三家為侯國，作為春秋與戰國的分界點。它是中國奴隸社會瓦解，封建社會體制的成熟。

▶ 戰事紛擾

因春秋時期長期征戰，許多小國逐漸被大國併吞。有些國家內部發生變革，大權旁落在士大夫手中。這些士大夫原來也是貴族，後來他們採用剝削底層社會人民的方式，轉變為地主。某些地主運用減輕賦稅的手段來籠絡人心，士大夫階級也因此逐漸壯大。

一向被認為是中原霸主的晉國，到了春秋末期，君權也日漸衰落，由六家大夫掌握實權。士大夫各據領地並自組軍隊，經常相互征伐。後來其中兩家沒落，尚餘智家、趙家、韓家、魏家。四家當中又以智家為首。

▶ 四家之爭

四家當中，智家大夫智伯瑤企圖侵占其他三家的土地，三家大夫明白智伯瑤野心勃勃。無奈三家沒有共識，韓康子最先將土地和一萬家戶口割讓給智家；魏桓子不願得罪智伯瑤，也如法炮製。智伯瑤又向趙襄子討要土地，趙襄子不從，智伯瑤大怒，命韓、魏兩家起兵攻趙。趙襄子心知寡不敵眾，帶著趙氏軍隊退守晉陽（今山西省太原市）。

不久，智伯瑤率領智、韓、魏聯軍圍晉陽城。趙襄子令將士堅守，但不可交戰。每逢三家兵士前來攻城時，城牆上的箭兵迅速發矢，使敵軍寸步難行。

晉陽城憑藉箭矢死守兩年有餘，敵軍始終未能進城。某天，智伯瑤到城外探勘地形，觀察晉陽城東北的晉水時，擬想一個新戰略 —— 晉水繞過晉陽城往下流，若將晉水引到西南邊，晉陽城內即會淹水。於是，他吩咐兵士於晉水旁另挖河道使其通到晉陽。又在上游築壩攔水。此時正逢雨季，水壩的水位迅速漲滿，智伯瑤命人在壩上鑿口，引水直灌晉陽城。即便水禍來犯，城裡的百姓也寧死不降。

智伯瑤找來韓康子、魏桓子一同察看水勢，智伯瑤指著晉陽城，得意地對他們說：「你們看，晉陽城豈不很快就要滅了？原先還以為晉水像城牆般易守難攻，如今才知道大水入城的厲害呀！」

　　韓康子和魏桓子面上阿諛奉承，心底暗暗驚惶。他們想起，魏家的封邑安邑（今山西省夏縣西北境內）、韓家的封邑平陽（今山西省臨汾縣西南境內）都各有一條河道。智伯瑤正好提醒他們——晉水能淹晉陽，誰又能保證安邑和平陽不會落得同樣下場呢？

　　晉陽城內淹水後，情況愈發危急。當晚，趙襄子派張孟談夜出晉陽，先後找到韓康子、魏桓子，說服他們和趙家聯軍。韓、魏兩家本就心底驚惶，經張孟談說服，便叛走智家。

　　第二天夜裡，過了三更，智伯瑤正於帳中小寐，倏地聽見軍士殺聲。他連忙爬起，發現兵營早已淹水且水勢越來越大。智伯瑤正驚慌之間，四面八方響起戰鼓聲。趙、韓、魏三家軍隊駕船、木筏已然向此殺來。智家兵士傷亡難計其數，以致全軍覆沒，智伯瑤也被殺。

▶ 戰國七雄出現

　　趙、韓、魏三家共滅智家，將智伯瑤侵占之土收回，原先智家的領地也由三家瓜分。最後，他們也瓜分晉國國土，架空國君。

　　西元前 403 年，韓、趙、魏三家派遣使者朝見周威烈王，要求周天子分封三家各為諸侯。自周威烈王正式分封起始，韓、趙、魏三國逐漸壯大，加上秦、齊、楚、燕四國，歷史上稱其為「戰國七雄」。

封建社會時期

秦朝的建立

秦王嬴政當政後，發動大規模的兼併戰爭。從西元前230 至 221 年間，先後以外交、軍事手段吞併其他六國，統一當時的中國。

秦的統一，結束了春秋、戰國時期群雄割據的境況，使得百姓的生活趨於安定。秦朝的疆域東至大海，西臨隴西，北則至長城，南則依南海，疆土已然擴大許多。

秦朝是中國史上第一個統一的多民族國家。嬴政統一六國後，定都咸陽，建立了封建主義、中央集權的制度，為此制定一系列政策。

▶ 政治舉措

政治層面，嬴政確立皇權的至高地位，規定國家的最高統治者稱為皇帝，國家的政治、經濟、軍事大權都掌握在皇帝手中。同時，他也建立中央和地方的分層行政機構，在中央設丞相、御史大夫、太尉等官職，地方上則推行郡縣制度，全國劃分為三十六郡，郡下設縣，以便達成中央集權的目的。

▶ 經濟手段

經濟層面，嬴政統一度量衡，促進經濟發展。統一貨幣種類，將秦國圓形方孔錢作為官方貨幣，通行全國。間接促進各地區的經濟交流。

▶ 文化發展

文化層面，嬴政統一文字，以簡化小篆作為官方字體，通令全國使用。接著，又進一步創造書寫更簡便的隸書。如今的楷書即由隸書演化而來。

文字的統一也促進秦朝國境內多元文化的交流。西元前 213 年，嬴政又將秦國以外的史書、民藏詩書以及諸子百家著作燒毀，僅留醫藥、卜筮和農耕著作，以便掌控思想、言論。次年，某些方士和儒生批判秦始皇專權獨斷、濫用刑罰，秦始皇因此加以追查，最後活埋約四百六十人。史稱「焚書坑儒」。

秦朝建立統一的大帝國，統治卻日益殘暴，賦稅、兵役和徭役的繁重，嚴刑峻法和各式刑罰，使得人民生活苦不堪言。

小知識 —— 焚書坑儒

西元前 213 年，秦統一八年，太子師齊人淳於越在朝廷會議上提出，應恢復周朝的分封制。丞相李斯反對並提出理由：「史官非《秦記》皆燒之。非博士官所職，天下敢有藏《詩》、《書》、百家語者，悉詣守、尉雜燒之。有敢偶語《詩》、《書》者棄市。以古非今者族。吏見知不舉者與同罪。令下三十日不燒，黥為城旦。所不去者，醫藥、卜筮、種樹之書。若欲有學法

令，以吏為師。」秦始皇採納李斯的建議，下令各郡、縣立即查禁《詩》、《書》和諸子百家著作，三十天內全部焚燒殆盡。此即「焚書」。

次年，方士盧生等人求仙求藥屢次不得，因懼受罰而出逃。又有方士、儒生議論朝政，秦始皇大怒，下令搜捕咸陽城內的方士、儒生。審問過程中，方士和儒生卻互相舉發，共有四百六十餘人受株連，秦始皇下令四百六十餘人全數坑殺。此即「坑儒」。

「焚書坑儒」雖達成掌控思想、言論的目的，卻強烈打壓當時中國的本土文化。

═ 秦末農民起義 ═

秦始皇統治時期，大規模興建宮殿和陵墓，並修築長城、馳道，對匈奴和南越地區用兵，因此耗費大量人力、財力，進一步加重人民的徭役和賦稅。同時修訂嚴刑峻法，人民手足無措、深恐受罰。秦二世繼位後，賦稅更為苛重，致使百姓困疲不堪。

▶ 大澤鄉起義

秦二世元年（西元前 209 年）七月，一隊農民被發配戍守漁陽（今北京省密雲縣）。行進到蘄縣大澤鄉（今安徽省

宿縣）時，遭逢連日大雨致使道路不通，恐無法準時到達漁陽。按《秦法》規定，誤期當斬。於是，其中兩個農民陳勝和吳廣密議，謀劃發動起義。陳勝自立為將軍，吳廣為都尉，以秦始皇長子扶蘇和楚將項燕的名義號召群眾。

起義農民軍迅速攻占蘄縣，接著攻占秦朝重鎮陳縣（今河南省淮陽縣）。軍隊在陳縣建立「張楚」政權，陳勝被推舉為王。張楚政權激起全國反秦抗爭的高潮，各地農民紛紛起義殺長吏。陳勝以陳縣為中心，分兵數路，四出進軍，以擴大革命政權的影響。最後，起義軍逼近咸陽城。秦二世大為驚慌，連忙赦免在驪山修墓的幾十萬刑犯，倉促組成軍隊，由少府章邯率領，以抗衡農民軍。陳勝親自率軍迎戰卻不幸失利，遭叛徒莊賈殺害。

陳勝、吳廣領軍共六個月，雖以失敗告終，卻為秦朝的滅亡埋下遠因。

▶ 項羽劉邦起義

秦二世元年（西元前 209 年）九月，項梁和項羽殺死會稽郡太守，號召楚國遺民起兵反秦，得精兵八千餘人渡江北上，勢如破竹，連敗秦軍。楚軍吸收眾多民兵，軍隊迅速壯大。秦二世派章邯率軍前來鎮壓，項梁因此戰死於定陶（今山東省定陶縣）。

項羽隨即率軍北上激戰秦軍。最後秦軍大敗，主力將領皆亡。

劉邦時任泗水亭長，當時正押送刑徒前往驪山營造陵墓，許多刑徒於半路逃亡，劉邦索性放走所有刑犯，並一同逃到芒、碭一帶山區。陳勝、吳廣起兵後，劉邦藉機起兵並攻下沛縣、殺死縣令，劉邦因此被推舉為沛公。劉邦領導的起義軍規模增大，並聽從項梁的指揮。

項梁戰死後，劉邦趁機帶兵西進關中，並攻破武關，最終灞上（今陝西省西安市東境）。這時，秦王子嬰駕白馬坐素車，向劉邦投降，秦朝正式宣告滅亡。

楚漢相爭

漢高祖元年（西元前 206 年）十月，劉邦滅秦後在關中稱王。十二月，項羽舉兵破函谷關，欲一舉滅漢軍。劉邦自知不敵，親赴鴻門（今陝西省臨潼區東北）於宴上謝罪。不久，項羽入主咸陽都城。

▶ 項羽稱王

項羽表面尊楚懷王為義帝，實際卻將其流放江南，自立為西楚霸王，定都彭城（今江蘇省徐州市）。同時分封十八位諸侯，其中劉邦受封漢王，並有意封秦朝降將章邯、司馬

欣、董翳等各為雍王、塞王、翟王以打壓劉邦。劉邦表面接受封號，並於次年四月領兵入漢中，並燒毀棧道（用木板架在懸崖上鋪成的道路），表示無意奪權以取信於項羽。項羽因此率軍東歸彭城。

漢高祖元年五至六月，齊國貴族後裔田榮因不滿分封結果，趕走齊王、殺膠東王，自立為齊王。劉邦乘亂重返關中，擊敗章邯隨後迫降司馬欣、董翳，並以此昭示僅想退守關中，不再東進。項羽因此放鬆警惕，前往鎮壓田榮叛亂。直到十月，劉邦終究揮軍東出關中，封韓信為大將，名義為義帝發喪，聯絡各地諸侯聲討項羽，拉開了楚漢戰爭的序幕。

▶ 楚漢之爭

劉邦藉項羽軍滯留於楚國，率領諸侯軍攻占彭城。項羽聽聞消息，即刻率精兵三萬回防，殲聯軍二十萬有餘，劉邦僅率數十騎逃脫，反楚聯盟瓦解。之後，劉邦到達滎陽，擊敗楚國追兵得以喘息，遂重整軍隊，憑藉關中易守難攻的地利與項羽長期抗爭。項羽發動反攻並圍困滎陽，漢軍情勢危急。劉邦利用陳平實行反間計，使項羽懷疑范增而不採納范增之計，迫使范增憤而歸鄉。劉邦又派紀信扮成自己前往詐降，乘機逃出滎陽。項羽加緊圍攻滎陽並奪取成皋。

　　為了減輕楚軍對滎陽的壓力，劉邦率軍經武關、宛（今河南省南陽市）、葉（今河南省葉縣南境），引誘項羽南下。為配合漢軍行動，韓信也率軍抵達黃河北岸支援滎陽。彭越此時正在進攻下邳（今江蘇省邳縣南）。項羽被迫率軍回防，劉邦乘機收復成皋。六月，項羽猛攻滎陽再奪成皋。

　　劉邦命漢軍堅守鞏縣阻擋楚軍，另一面命韓信組建新軍攻擊齊地，並派人入楚腹地協助彭越進攻睢陽（今河南省商丘市南境）、外黃等地，項羽不得不再次回房。漢高祖四年十月，劉邦再次收復成皋。

　　項羽擊敗彭越後，於廣武（今河南省滎陽市北境）屯兵與劉邦對峙。不久，韓信在濰水之戰中殲滅齊楚聯軍，又派灌嬰率軍直奔彭城。項羽腹背受敵、兵疲糧盡，遂與漢軍簽訂盟約，以鴻溝為界並中分天下，東歸楚，西歸漢。漢高祖四年九月，項羽引兵東歸。

　　漢高祖五年十月，兩軍戰於固陵（今淮陽市西北），項羽小勝。劉邦以封賞籠絡韓信、彭越、英布等人，於垓下重創楚軍。最終，項羽自刎於烏江（今安徽省和縣境內），結束為期四年的楚漢相爭。次年二月，劉邦稱帝，建立西漢。

小知識 —— 劉邦陵寢

劉邦死後，群臣擬廟號為太祖，諡號為高皇帝。葬於長陵。也稱高祖。

長陵位於今陝西省咸陽市秦都區窯店鄉三義村之北的咸陽原上。坐北朝南，南面是川流不息的渭水，北依巍峨壯觀的九峻山。南面與長樂宮、未央宮隔渭水相望，氣勢雄偉，規模宏大。長陵由陵園、陵邑和功臣陪葬墓三區組成。陵墓曾出土西漢時代的「長陵東當」和「長陵西神」文字瓦當，證實長陵位址無誤。

文景之治

西漢初年，歷經戰爭，經濟蕭條。漢高祖劉邦及其後的漢文帝、漢景帝，吸取秦滅亡的教訓，減輕農民的徭役和賦稅，積極發展農業。文景時期，重視「以德化民」，社會趨於安定，經濟也穩定發展，史稱「文景之治」。

▶ 文帝與景帝

漢文帝劉恆（西元前 203 年至前 157 年），漢高祖劉邦四子，母為薄姬。高祖十一年（西元前 196 年）受封代王。西元前 180 年，呂后逝世導致呂氏作亂，丞相陳平、太尉周勃與朱虛侯劉章等共誅呂氏，繼立劉恆為文帝，共計在位 23 年。

漢景帝劉啟（西元前 189 年至前 141 年），漢文帝太子，母為皇后竇氏。西元前 157 年即位，共計在位 16 年。

▶ 重農業，輕徭役

西漢建國後，漢高祖、惠帝、呂后等皆重視農業生產力，以穩定統治秩序。文、景二帝相繼即位後，在此基礎上進一步輕徭薄賦、與民休息的政策。

漢文帝即位後，曾多次下詔勸課農桑，按戶口比例設置三老、孝悌、力田若干員，並經常給予賞賜，以鼓勵農民生產，也減輕賦稅。文帝二年（西元前 178 年）和十二年，曾兩次「除田租稅之半」，即租金減為三十稅一，十三年還全部免去田租。

此後，田租三十稅一成為漢代定制。文帝時期，賦稅也由每人每年一百二十錢減至四十錢，徭役則減至每三年服役一次。文帝還下詔「弛山澤之禁」，即開放人民開採國有的山林川澤，促進農民的副業生產和鹽鐵生產事業的發展。文帝十二年，又廢除過關用傳制度，有利於商品流通和各地的經濟聯絡。

▶ 完善法律

漢文帝也修訂秦代刑法。秦代被判處為隸臣妾以及比隸臣妾更重的罪犯，叛無期徒刑且終生服勞役。文帝詔令重修

法律，根據犯罪情節輕重量刑。罪人服刑期滿，即可被出獄免為庶人。

《秦法》規定，罪犯的父母、兄弟、姐妹、妻子和子女都需連坐，重則處死，輕則沒入為奴，稱為「收孥相坐律令」，文帝明令廢止。秦代有黥、劓、刖、宮四種肉刑，漢文帝下詔廢除黥、劓、刖，改用笞刑代替，至景帝又減輕了笞刑。文帝時，許多官吏能夠斷獄從輕，持政務在寬厚而不苛求，因此獄事簡省，也避免人民受壓迫。

▶ 綏安邊境

文、景二代對邊境民族不輕易動兵。呂后統治時，南越王趙佗自立為帝，役屬閩越、西甌、駱等第，又乘黃屋左纛，與漢王朝分庭抗禮。文帝即位後，為趙佗修葺祖墳，尊寵趙氏昆弟，並派陸賈再度出使南越，賜書趙佗，於是趙佗歸附漢王朝。文帝後元二年（西元前 162 年），漢朝又與匈奴定和親之約，即便匈奴背約屢犯邊境，但文帝僅詔令邊郡嚴加備守，不興兵以免煩擾百姓。

══ 王莽改制 ══════════

王莽執政時面臨嚴重的社會危機。他為了調解階級矛盾，穩定「新」朝統治，王莽尊《周禮》以託古改制。

▶ 改革土地制度

始建國元年（西元 9 年），為解決土地和奴隸問題，王莽詔令天下的土地，一律改稱王田；天下的奴隸，一律改稱私屬，不許人口買賣。男口不足八人而土地超過一井（九百畝）的人家，應將多出的土地分給九族、鄰里、鄉黨。無田者，按一夫百畝的制度授田。有敢違抗者，流放四夷。

由於地主官僚的反對，新朝四年，王莽不得不重新下詔，宣布王田皆可買賣，買賣奴隸者也不治罪，改革遂以失敗告終。

王莽推行所謂「井田聖法」，不僅沒有解決社會土地問題，反而把農民禁錮在「王田」制度下；不僅沒有解放奴隸，還讓奴隸附庸成為常態，治標卻不治本。

▶ 五均六筦

始建國二年，王莽下詔實行五均六筦。

五均是在長安以及洛陽、邯鄲、臨淄、宛、成都等大城設立五均司市師，統一管理市場；六筦則由國家掌握鹽、鐵、酒、鑄錢、五均賒貸等事業，不許私營。同時，控制名山大澤，對開採資源者課稅。此項政策旨在抑制商人對農民的過度剝削，限制商人放高利貸，讓國家經濟效益得以增長。然而，王莽無力控制推行五均六筦的商賈，實際上商賈與郡縣令勾結，持續剝剝人民權益，與王莽的初衷背道而馳。

▶ 改革幣制

王莽實行多次幣制改革。居攝二年（西元 7 年），王莽曾加鑄錯刀、契刀、大錢等三種錢幣，與原有的五銖錢同時於市面上流通。始建國元年，王莽廢錯刀、契刀與五銖錢，另作小錢，與大錢一值五十者並行，並且頒布禁令限人民挾制銅炭，以防盜鑄。二年，王莽改作金、銀、龜、貝、錢、布，名曰寶貨，凡五物（錢、布皆用銅，共為一物）、六名、二十八品。地皇元年（西元 20 年），盡廢舊幣，改行貨布、貨泉二品。貨幣不合理且迅速的變革，導致市場混亂，加速國家財政的崩潰和人民破產。

▶ 完善政治

政治制度方面，王莽依《周禮》等古籍改定中央和地方的官名、官制，並重定郡縣名和行政區劃。如改大司農為羲和，後又改為納言。改少府為共工，改郡太守為大尹，改縣令長為宰。先據《堯典》正十二州名分界，後又據《禹貢》改為九州。有些郡甚至五易其名，最後又恢復舊稱。此外，他頒行五等爵，濫加封賞，卻把受封的人留在長安受祿。有些人卻不得俸祿而需勞作，更多的官吏則竟為奸利而受賄。

王莽的改革反而加劇社會矛盾。貧苦農民一旦觸犯「新法」，就要被罰為奴。因犯禁被捕，押解服勞役的人竟曾達一次十萬人之多。

▶ 弊端繁多

王莽當政期間，還挑起對東北和西南少數民族的戰爭。此外，他大量徵收徭役和物資，卻大興土木，修建廟宇。他還託言古時皇帝納一百二十女致神仙，將民間女子大批選入宮中。

王莽改制引起社會混亂，促使農民起義和西漢宗室舊臣反對新朝的鬥爭不斷發生。更始元年（西元 23 年），王莽政權終於在起義農民的打擊下徹底崩潰。

═ 劉秀加強統治的措施 ═

劉秀建立東漢王朝後，為了穩定政權，首先致力於整頓吏治，強化中央集權。

▶ 限制權利

鑑於西漢末年「上威不行，下專國命」的經驗，劉秀「退功臣而進文吏」，雖封功臣為侯，賜予優厚爵祿，但禁止功臣干預政事，並限制諸侯王和外戚的權勢。因此當宗室諸王和外家親屬遵奉法紀，無結黨營私之名。

在行政體制方面，劉秀抑制三公職權 ——「雖置三公，事歸台閣」，由尚書出納王命，使全國政務經尚書臺最後總攬於皇帝。劉秀也加強監察制度，提高刺舉之吏，如御史中

丞、司隸校尉和部刺史的職權和階級。建武六年，劉秀又令司隸州牧省減吏員，吏職減省至一成。這些措施強化了皇帝的權力，達到「總攬權綱」的目的，並提高官僚機構的行政效率。

▶ 穩定民生

劉秀還制定不少政策來穩定民生，讓經濟得以復甦。如建武六年下詔恢復三十稅一的舊制，並且罷郡國都尉官、停止地方兵的都試，更一度廢除更役制度。次年，劉秀又令輕車、騎士、材官、樓船士及軍假吏等遣散還鄉，徵調往邊境屯田的戍卒以刑徒代替等等。

減輕徭役：據載光武帝劉秀統治後期，「兵革既息，天下少事，文書調役，務從簡寡」。由此可看出東漢初期和西漢末期的境況差異。特別自建武二年至四年，劉秀前後共下詔釋放奴隸九次，或提高奴隸的法律地位，規定因人口買賣為奴而願意歸隨父母者必須釋放。奴隸主人若不釋放就依法治罪。對於未能釋放的官私有奴隸，也在法律上給予人身保障，規定殺害奴隸的不得減罪，炙傷奴婢的依法治罪，又廢除奴婢傷人處死刑的法條。這些政策的實行，使大量奴隸歸為庶人，間接促使流民回歸農民身分，促進農業發展。

建武初年，全國戶籍遺存的人口只有原先的兩成，田野荒蕪。到建武五年情況已有所好轉，土地逐漸恢復墾闢。光武帝末年，載於戶籍的人口已達到兩千一百多萬。

▶ 施行「柔道」

光武帝統治時期史稱「光武中興」。但東漢政權仍建立在世家基礎上。劉秀於即位後,宣示以「柔道」治天下。

所謂「柔道」,實則扶植世家豪族。建武十五年,劉秀為了穩定統治秩序,強化中央集權,針對當時「田宅逾制」和隱瞞土地戶口的現象,下令檢核全國土地戶口。郡縣守、令不敢得罪貴戚官僚和世家豪族,反而在清查過程中「多為詐巧,不務實核」抑或「優饒豪右,侵刻羸弱」。激起各地農民反抗,郡國的豪強大姓也藉機起亂。劉秀對農民的反抗進行分化和鎮壓,對於大姓兵長,則在處死度田不實的河南尹等十幾名郡守之後,下令停止度田,向豪強地主讓步。光武帝在其統治末年「宣布圖讖於天下」,以儒家學說與讖緯之學加強對人民思想的控制。

小知識 —— 陰麗華

陰麗華是東漢王朝開國皇帝劉秀的第二任皇后,春秋時代著名的齊相管仲之後。陰麗華以美貌著稱。史載,劉秀還是沒落皇族之時,就十分仰慕陰麗華,不禁嘆曰:「娶妻當得陰麗華。」劉秀稱帝之後,陰麗華成為他的寵妃,備受光武帝寵愛。

建武十七年,陰氏被冊封為皇后。永平七年,陰麗

華病逝，與劉秀合葬於原陵。史載陰后端莊賢淑，不喜
言笑，有母儀之美。皇后內持恭儉，外抑宗族，為一代
賢后。

曹操統一北方

曹操，字孟德，生於西元 155 年（漢桓帝永壽元年），
卒於西元 220 年（漢獻帝建安 25 年），沛國譙縣人（今安徽
省亳縣），是三國時期傑出的政治家、軍事家和文學家，同
時又是曹魏政權的奠基者。曹操一生的政治、軍事、文學活
動都與洛陽關係密切。

▶ 曹操生平

曹操出身於宦官家庭。他的祖父曹騰，年輕時入宮充當
太監，先後服侍過順、沖、質、桓多位皇帝，出入東漢宮中
長達三十餘年，還曾被封為費事侯。因宦官無法生子，東漢
朝廷允許宦官養子襲爵，曹騰便領養曹嵩繼承爵位。曹嵩便
是曹操的父親，曾做過東漢朝廷的司隸校尉、大司農、太尉
等職。曹操的家世也具有相當的政治地位。

曹操自幼機靈，善於察言觀色，生活放蕩不羈，喜歡打
獵練武。在二十歲那年，曹操被地方郡縣推舉為孝廉前往洛
陽，在朝廷中擔任洛陽北部尉，負責維護都城的治安秩序。

當時皇戚國親、達官顯貴雲集於洛陽，憑藉政治特權橫行霸道、欺壓百姓。

曹操上任以後，為了整頓社會秩序，趕製出五色大棒十餘枚，懸掛在大門右側，並張貼告示，上寫「有犯禁者，不避豪強，皆棒殺之」。卻沒引起京城達官顯貴的充分重視。

某天，漢靈帝寵愛的宦官蹇碩的叔叔夜裡外出，觸犯夜禁法令，曹操得知後立即派人將其棒殺（打死）。這件事使得為非作歹的地方豪強、達官顯貴從此不敢再犯禁令，行為收斂許多，洛陽城的秩序便很快整頓完成。

▶ 初露鋒芒

西元 189 年，極端殘忍的隴西軍閥董卓率軍攻進京城，廢漢少帝，立劉協為漢獻帝，自封為相國，獨攬朝中大權。為了鞏固政權，董卓極力拉攏曹操，任命曹操擔任驍騎校尉。見豪強、大臣都不願臣服於董卓，拒絕董卓拉攏的同時改名換姓順利逃出京城，然後迅速招募軍隊，參加討伐董卓的聯軍。

全國集結武力討伐的同時，董卓感覺洛陽已無法堅守，便決意挾持漢獻帝，並強迫洛陽幾十萬人口西遷長安，一路燒殺擄掠。西元 192 年，董卓最終在長安被呂布所殺，李傕、郭汜等人又趕走呂布，劫奪漢獻帝。隨後各派軍閥混戰，勢力割據一方，東漢君權名存實亡。

曹操在鎮壓黃巾軍農民起義的過程中，實力一天天壯大起來。他在兗州鎮壓了黃巾軍，收編三十多萬兵士，遴選精銳組成「青州兵」，成為曹操統一北方的主力。

▶ 政治才智

面對軍閥割據的局面，曹操充分理解任用賢才的重要性。他知人善用，多次發布求賢令，網羅大批有用之士。他們為曹操出謀劃策，為其統一北方有極大助益。謀士毛玠建議曹操「奉天子以令於臣，修耕植以畜軍資」。這一建議很快便被曹操採納。於是曹操親自到洛陽朝覲皇帝，將漢獻帝接到許昌，取得挾天子以令諸侯的有利地位。

為了解決糧草問題，曹操還頒布了屯田令，大興屯田，重視農業生產。隨後出現「倉廩豐實」、「所在積粟」、「百姓殷足」的大好局面，為進行統一戰爭立下雄厚的經濟基礎。

▶ 統一北方

西元 200 年，曹操與袁紹於官渡交戰。曹操的軍事實力尚不及袁紹，但袁紹的謀士許攸雖智謀過人，卻得不到袁紹的信任。一氣之下，許攸便投奔曹操。曹操奉許攸為上賓，以禮相待。許攸助曹操出奇兵偷襲袁紹屯備糧草的重地，將袁紹的一萬多車軍糧焚燒殆盡。消息傳出，袁軍大亂，曹操

乘機出兵，以少勝多大敗袁紹，並很快統一了北方地區。

　　曹操統一北方後，稍作休整即率大軍南下，準備統一全國。處於這種形勢之下，孫權、劉備勢力聯合，於赤壁以少敵多卻大敗曹軍。赤壁戰敗以後，曹操回到洛陽，決心整頓軍隊，進兵關中，等待時機繼續征戰。誰知壯志未酬身先死，於西元 220 年過勞病逝，終年 66 歲。

　　曹操一生戎馬，愛好文學且造詣很高，生平創作大量的優秀文學作品，留存的有樂府詩二十餘首、散文四十多篇，其中的五言詩〈蒿里行〉、〈苦寒行〉、〈卻東北行〉等，均真實反映了東漢末年軍閥混戰、民不聊生的寫實面。

═ 三國鼎立 ═

　　西元 189 年，漢靈帝駕崩，少帝即位。執政的何太后之兄何進聯絡袁紹，殺宦官蹇碩。袁紹、何進等密謀盡殺宦官，並召董卓入洛陽為援。董卓率兵進入洛陽後卻盡攬朝政。他廢黜少帝，另立劉協為帝，即漢獻帝。董卓的專橫激起朝臣和地方牧守的反對，最終釀成大規模內戰。董卓入洛陽後，袁紹出奔冀州，橋瑁假借朝廷三公名義，要求州郡舉兵討伐董卓。關東州郡紛紛響應。他們分屯要害，推袁紹為盟主伺機進攻董卓。

▶ 紛爭不斷

西元 190 年，董卓避關東兵鋒，挾持漢獻帝西遷長安。關東聯軍彼此猜忌，不久就分崩離析了。西元 193 年長安兵變，董卓被殺，關中局勢混亂。經過激烈混戰以後，到 196 年時，全國群雄割據 —— 袁紹占據冀、青、并三州，曹操占據兗、豫二州，韓遂、馬騰占據涼州，公孫瓚占遼東，陶謙、劉備、呂布先後占據徐州，袁術占據揚州的淮南部分，劉表占據荊州，劉璋占據益州，孫策占據揚州的江東部分，士燮占據交州。

此外，張魯以道教組織占據漢中地區，置祭酒以治民。在群雄中勢力最強也最活躍的是袁紹和曹操。董卓入洛陽後，曹操逃至陳留聚兵反抗，成為關東聯軍的一支。他在濟北誘降黃巾軍三十萬眾，選其精銳編為青州兵；又陸續收納一些豪強地主武裝。

建安元年，曹操把獻帝移送許縣，取得挾天子以令諸侯之勢，並屯田續資。西元 200 年，曹、袁兩軍進行官渡之戰，曹操以弱勝強全殲袁軍主力，又利用袁紹二子的矛盾攻占袁氏的鄴城，相繼占領青、冀、幽、并四州之地，統一了大部分北方。

▶ 猇亭之戰

西元 207 年，曹軍出盧龍塞，打敗侵擾北方的烏桓。西元 208 年，曹軍南下攻占劉表之子劉琮所據的荊州。據守荊州的劉備向南奔逃。魯肅受孫權之命與劉備會晤商討對策。諸葛亮又受劉備之命，於柴桑與孫權結盟，共抗曹軍。孫、劉聯軍以少敵多大敗曹軍於赤壁，迫使曹軍退回中原，阻止曹操的統一行動。

曹操北歸以後，用兵於關中、隴西，把統一範圍擴及整個北方，不久便自封魏王。西元 211 年，劉備率部進入益州，逐步占據原先劉璋的領地。西元 219 年，劉備奪得漢中，關羽也向曹軍發起進攻，但孫權遣軍襲擊關羽，反倒占領大部分荊州土地，隔三峽與劉軍對峙。西元 222 年，漢軍出三峽與吳軍於夷陵相爭。猇亭一戰，劉備軍遭吳將陸遜擊敗，退回蜀中。

猇亭之戰以後不久，蜀、吳恢復結盟關係，共抗曹魏，形成三國鼎立。南北之間雖然還常有戰事發生，有時規模還比較大，但是總體說來，力量大體平衡，鼎足之勢維持了四十餘年之久。

小知識 ──〈隆中對〉

〈隆中對〉原名〈草廬對〉，是東漢末年諸葛亮與劉備初次會面的談話內容，選自《三國志・蜀志・諸葛亮傳》。

西元 207 年冬至 208 年春，駐軍新野的劉備採納徐庶的建議，三次到隆中（今襄陽市襄城區古隆中）拜訪諸葛亮。前兩次撲空直到第三次才會面。在〈隆中對〉中，諸葛亮為劉備分析當時的天下形勢，提出應先取荊州為據點，再取益州以成鼎足，繼而進取中原。劉備三顧茅廬後，諸葛亮便成為劉備的軍師，為劉備出謀劃策。

西晉的統一

西元 222 年，劉備揮軍東吳，但遭陸遜擊敗。劉備兵敗後退至白帝城，次年病死於白帝城永安宮。劉備死後，其子劉禪繼位，為蜀後主，由諸葛亮等人輔佐。為實現劉備遺願，諸葛亮自蜀建興五年至十二年（西元 227～234 年）共六次出兵伐魏，終未能勝魏，最終於西元 234 年逝世。

此前，魏帝曹丕已於魏黃初七年薨逝（226 年），其子曹睿繼位，重用司馬懿。卻導致魏國大權旁落司馬氏。

　　司馬懿是中國著名的軍事家、政治家，他多次出兵漢中，與諸葛亮、薑維等蜀將交戰，遏制了蜀國北進。魏景元四年（263 年）司馬懿之子司馬昭派遣鐘會、鄧艾等數路人馬伐蜀，並攻占成都，後主劉禪降魏，蜀漢宣告滅亡。

　　魏滅蜀之後，蜀吳聯盟瓦解，吳國受到的威脅加大。西元 265 年，司馬昭之子司馬炎廢魏帝曹奐，改國號為晉，定都洛陽。史稱「西晉」，司馬炎是為晉武帝。

　　同時，東吳的皇位已傳於孫皓。吳主孫皓耽溺享樂，不問國事。司馬炎藉機發兵伐吳。晉軍所向披靡，戰無不勝。西元 280 年，晉軍攻克東吳國都建業，孫皓面縛請降，至此西晉完成統一。

孝文帝遷都洛陽

　　洛陽是魏晉南北朝時期的政治、軍事重鎮。洛陽在東漢時已為首都及中原最大的商業中心。東漢末年，洛陽則因戰亂受到極大的破壞。

➡ 洛陽興衰

　　西元 220 年曹丕稱帝後，從河北等地遷居民數萬至洛陽，在漢宮的基礎上重新建築洛陽宮城和外城。隨著北方地區的逐步統一，洛陽的經濟也得到了恢復和發展。

洛陽城中的絲織業、制鹽業、治鐵業發達，商業逐漸興盛。全城有三個主要市場：金市、馬市和羊市。西晉統一後，以洛陽為國都，人口顯著增加並成為全國貿易中心，絹布、糧食、藥材、器皿到生產工具皆於市場上流通。西晉八王之亂後，使洛陽經濟結構受到巨大破壞。

西元 310 年，匈奴劉曜攻破洛陽，縱兵劫掠，洛陽於戰火中陷落。永嘉之亂後，五胡十六國統治的百餘年間，洛陽幾成廢墟。

▶ 遷都風波

魏孝文帝於政治層面積極作為。他認為欲鞏固北魏的統治，需吸收中原文化，改革舊俗。為此，他決心將國都從平城（今山西省大同市東北）遷至洛陽。孝文帝擔憂大臣反對遷都，於是主動提出進攻南齊，卻引起大臣及任城王拓跋澄的反對。

孝文帝意識到反對聲浪，隨即宣布退朝，回到宮中單獨召見拓跋澄，說：「我覺得平城是個戰地重鎮，不適宜政治改革。現在我希望達成移風易俗的目的，必須要遷都。這回我出兵伐齊，是想藉此帶領文武百官遷都中原，你看如何？」拓跋澄理解他的主張後，隨即表示贊同。

西元 493 年，魏孝文帝親率三十餘萬步兵、騎兵南下，

由平城出發最終至洛陽。正好碰到當時整月秋雨連綿,道路泥濘不堪,行軍困難。但孝文帝仍舊戴盔披甲,下令繼續進軍。大臣們本不想出兵伐齊,藉著連綿大雨再次進言。孝文帝嚴肅地說:「此次興師動眾,若半途而廢,豈不是淪為笑柄?若不南進,不如將國都遷至此地吧,諸位認為如何?」

眾臣面面相覷,不敢發話。孝文帝說:「不能猶豫不決了。同意遷都的往左邊站,不同意往右邊站。」一個貴族說:「只要陛下同意停止南伐,那麼我們贊同遷都洛陽。」

文武百官雖不贊成遷都,但因可停止南伐,轉而擁護遷都的決定。孝文帝安排洛陽遷都事宜後,又派任城王拓跋澄回平城,向王公貴族宣傳遷都的益處。孝文帝又親自到平城召集貴族、老臣討論遷都事宜,因無法反駁遷都的訴求,最終同意遷都。

▶ 新都改革

孝文帝遷洛陽後,決定進一步改革舊俗陋習。隨即頒布法令:人民改說漢語,三十歲以上的人可以暫緩,三十歲以下且為官的人,一律改說漢語,違者降職、撤職;規定官民改穿漢服,並鼓勵鮮卑、漢人士族通婚,鼓勵改用漢姓。

北魏皇室原姓拓跋,後改姓為元,如魏孝文帝改名元宏。魏孝文帝的改革使得政治、經濟獲得更好的發展,且促進胡、漢文化間的融合。

北魏分裂

高歡不僅擁有「賀六渾」的鮮卑名，還娶鮮卑貴族出身的婁昭君之後為妻。可說是胡、漢文化融合的典範人物。

北魏正光四年（西元 523 年），北方爆發六鎮戍卒和各族人民的革命。高歡認為時機已到，便先後參加破六韓拔陵、杜洛周、葛榮等人的義軍。在義軍中，他暗中結黨，把握時機並發展個人勢力。後來，他發覺契胡酋長爾朱榮雄據一方，便與尉景、段榮等人叛離義軍，投奔爾朱榮，並取信於爾朱榮，取得親信都督（爾朱榮親衛隊長）一職。

永安三年（西元 530 年），魏孝莊帝於洛陽誘殺爾朱榮，高歡藉爾朱氏內部混亂，說動從前被爾朱榮吸收的六鎮義軍二十餘萬人歸順高歡，並將他們帶往河北。此二十萬眾的六鎮兵民，遂成為日後高歡執政的政治基礎和軍事力量。

次年，即北魏普泰元年，高歡率眾入主冀州（今河北省冀縣），籠絡當地世族、地主，利用民族間的隔閡，煽動反爾朱氏的情緒，順利獲得支持。永熙元年（西元 532 年）三月，爾朱兆率二十萬大軍與高歡軍交戰。高歡以少勝多，重創爾朱軍外，進一步入洛陽，成為實際掌控北魏政權的「太上皇」。同年七月，高歡又攻克晉陽，徹底剷除爾朱氏勢力，於晉陽設立大丞相府，定居於晉陽以遠控朝政。高歡及北齊歷代帝王致力營建晉陽城，使晉陽成為北魏、東魏、北

齊三代的政治中心，史稱「霸府」。

永熙三年（西元 534 年），因北魏孝武帝不甘作為政治傀儡，高歡遂兵進洛陽廢孝武帝，另立元善見為帝，遷都鄴城（今河北省臨漳縣），史稱東魏。另一軍閥宇文泰率領部眾西入潼關，亦擁立元寶炬為帝，史稱西魏。北魏遂告消亡，中國北方也從統一走向分裂。不久，宇文氏統一北方，繼而統一中國。

小知識 —— 隋朝大運河的開鑿

隋朝大運河於 605 年始鑿，是隋煬帝的非凡政績，反面來說也是暴政。大運河竣工後，隋煬帝曾「遊幸」江都。605 年、610 年和 616 年，隋煬帝三遊江都（今揚州市）。「每出遊幸，羽儀填街溢路，亙二十餘里」—《隋書·卷二四·食貨志》，沿途幾百里的州縣都要獻食。

開鑿大運河加重人民的勞役，造成階級對立，過程中濫施酷刑，多次鎮壓抗爭運動。同時規定凡反抗者「罪無輕重，不待奏聞，皆斬」—《隋書·刑法志》。

隋朝具有承先啟後的定位，文帝與煬帝共在位 38 年。為使生產活動復甦、加強運河漕運，開皇四年（584 年）開「廣通渠」引渭達潼關。煬帝大業四年（608 年）

開「永濟渠」引沁水南通黃河，自輝縣至涿郡，長達兩千餘里，為今中國京杭大運河。

唐朝的建立

隋朝暴政促使民變四起，軍閥割據、各占一方，李淵父子於太原起兵，唐王朝也於此時立基。

李淵次子李世民膽識過人、才能出眾。他見隋朝大勢已去，便廣納賢才、放眼天下。西元 617 年，天下大亂，李世民乘機勸父親起兵。李淵依李世民及晉陽令劉文靜之計，起兵太原，自任為大將軍，率兵三萬餘人進取關中，並於大業十四年（西元 618 年）於長安正式建立唐王朝。

當時群雄之間相互攻伐，人人皆想自立為王。唐高祖李淵即位後，乃以李世民為主帥，領兵削平群雄。最終於太宗貞觀二年（西元 628 年），剷除割據朔方的梁師都，全國復歸統一。

貞觀之治

唐太宗李世民在位期間，政治清明、天下太平，唐太宗治世有方，因年號「貞觀」（627～649 年），史稱「貞觀之治」。

唐太宗李世民即位初始，以隋亡為鑑，「撫民以靜」為施政的出發點，推行政策如去奢儉樸、輕徭薄賦、任用廉

吏；興修水利、鼓勵墾荒；增殖人口、廣設義倉等，因戰亂而凋敝的社會有復甦的機會。

廣納諫言、選賢任能，為貞觀之治成功的內涵。唐太宗本著取人長才、兼明優劣的方針，充分發揮賢人的德才之長，親君子而遠小人，士庶並舉、新故同進、漢夷並用。房玄齡、杜如晦、魏徵、虞世南、馬周、秦叔寶，或善謀、或善斷；或忠直、或幹練；或文彬、或武勇，各盡所能為太宗效力，一時人才濟濟、文武薈萃。

唐太宗極為重視吏治，慎擇刺史，執法寬簡。提倡節儉、抑制士族勢力。並興辦官塾、廣開科舉，召集知識份子，為寒門百姓得以參政。以外，唐太宗致力於鞏固邊防、招安各族，使邊患得以暫時平息，胡、漢之間的文化交流漸趨和諧。故北方各族尊太宗為「天可汗」，並開闢「參天可汗」道，以加強羈縻府州與中央的連繫。

唐朝的文化環境兼容並蓄、包容開明，以推動和親、德化的民族政策，為多民族的國家環境立下良好的政治基礎。尤以文成公主入藏和親一事，可見漢與少數民族間的良好互動。

貞觀年間，政治、經濟、軍事政策有極佳成效，史家經常以漢代「文景之治」相比「貞觀之治」，肯定其所創的太平盛世。

然而，太宗在位晚期，大興土木、日趨驕逸，又連年用兵親征高麗，民生負擔趨重。於納諫、用人、執法等層面也大不如前。促使「貞觀之治」至晚期漸漸衰頹。

武則天整頓吏治

隋唐時期，科舉制漸次取代九品制，成為士族入仕的主要途徑。武則天當政後，推行科舉制的同時，又開放其餘選官途徑，如自舉、舉報惡官、試官舉行殿試及開武舉等，這類多途徑選官求才的做法，對當時的吏治產生重大影響。正面來說，使得各類人才都能適才任用；反面來看，使得官員素質參差不齊、龍蛇雜處。武氏因而採取多種措施來整肅官吏。具體而言，武則天對官吏的整治有以下幾個層面：

▶ 設立銅匭（舉報箱），鼓勵改正過失

舉報犯有罪行、過失官員，一經查實，舉報者得授官；即便舉報不實，也無須承擔責任。「於是四方告密者蜂起，人皆重足屏息」。高壓的政治環境下，除極少數酷吏和寵官外，官員們皆不敢貪贓枉法。

▶ 分設肅政左右臺，加強對官員的監察

唐初原沿襲隋制，朝廷最高的監察部門是御史臺，負責監察自宰相以下，各級官員的工作情況，舉報、彈劾處理違

法亂紀的官吏。武則天將御史臺改為肅政臺，增設監察官員以加強監察職能。

武則天方稱帝，就將原御史臺改為左肅政臺，專司糾察中央百官和軍旅，另增設右肅政臺，負責按察京畿地區和地方各州縣官員，並將監察官員由十八人增至四十人。旋即又打破「左以察朝廷，右以澄郡縣」的原則，使左、右兩臺迭相糾正，左臺官員亦可兼察州縣。

與此同時，為使監察運作依法行政，武則天命尚書省刑部侍郎韋方質，草擬《風俗廉察四十八條》，專供考查地方官員。由於武氏當政時的監察官員有酷吏，且被賦予生殺大權，地方官員不敢貪腐。到武氏執政後期，聞朝廷使者到來而自殺的地方官員非常多，可見這種監察制度的威懾力十分強大！

▶ 重視高級政務官員的任用

武氏重視高級政務官 —— 尤其是宰相的遴選和任用。宰相乃一人之下、萬人之上的最高政務官，對於政權統治關係至大。武則天也曾任用侄子武承嗣和武三思等，但主要利用他們來監視其他朝臣，實權一般都掌握在其他宰相手中。

武則天時期的宰相如狄仁傑、魏元忠等，於朝中長期握有實權。在歷代宰相中，狄仁傑、魏元忠等均堪稱名相。以上對下的形式，養成克己奉公、勤於政事的良好風氣。

▶ 對官員內部的腐敗現象厲行整肅

於武周朝，雖官員名額冗亂，但她透過許多方式淘汰不稱職位者，更整肅文武百官體系，使得政治環境能相對穩定。

武則天始而專權，繼而登基當女皇，改國號為周。篡位對於政權來說是大忌，因此必然會遭到強烈反對。為鞏固其政權，武則天只能採取強硬的手段，對於武裝叛亂者，便以軍事手段鎮壓；而政治反對者，則利用酷吏相互制衡。最著名的酷吏比如侯思止、來俊臣、索元禮、周興和王弘義等，武曌掌權初期為籠絡酷吏，對他們相對縱容、包容。隨著政權日益穩固，酷吏逐漸被矮化，甚至也可能受罰。

小知識 —— 無字碑

無字碑，也稱白碑、沒字碑，指無字的石碑，為獨特的碑刻形式。

無字碑的出現來自於，墓主的善惡作為難以評價，或最初預留無字碑，而最終沒有刻字。也可能原先有字，因自然風化或人為因素而消失等。最著名的兩塊無字碑，乃中國泰山登封臺無字碑和乾陵武則天的無字碑。

開元盛世

　　剷除太平公主勢力後，唐玄宗雖徹底鞏固皇權，但兵變使國力大傷，吏治的混亂、腐敗也亟待整頓。正因此，量才任官，提拔賢人為唐玄宗的優先考量。姚崇、宋璟、張九齡等都是玄宗時期的宰相，輔佐玄宗朝政。

▶ 慧眼識英雄

　　姚崇個性果斷、眼界獨到，因向唐玄宗提出十項政議而被器重，位居宰相。包括勿貪邊功、廣開言路、賞罰分明、勿使皇親國戚專權、勿使宦官專權等。

　　對於皇親國戚的不法行為，姚崇也公平不寬貸。當時薛王李業舅父王仙童欺壓百姓，姚崇奏請玄宗並得到准許後，嚴加懲辦王仙童所犯過錯。

　　後宋璟接任宰相，同樣重視人才的選拔、任用。雖掌握大權，但不徇私枉法，對親屬、族親反而更加嚴格。

　　張九齡是嶺南人（今中國廣東省一帶），當時經濟尚不發達，犯人也經常流放至此。於人們眼中，嶺南荒涼、艱苦，且文武百官甚少是嶺南出身，身居高位的更是少數。但張九齡憑藉出眾的才能受到玄宗賞識。

　　張九齡為宰相時，看重品德和才幹，而非家世背景。於吏部參與官吏選拔時，他主張要公正選才、適才任用。對於

玄宗政治舉措不當之處，他也直言勸諫，不因知遇之恩而疏忽為宰相的義務與責任。

▶ 整頓吏治

其一，精簡人事任用，裁減冗員，提高行政效率，減少財政支出。

其二，建立嚴格考核制度，加強對地方官吏的管理，每年十月派按察使糾舉違法官吏。

其三，諫官、史官得以參與宰相會議。這本是唐太宗時期的制度，讓諫官、史官共同論政、監督朝政。到武周朝後，提拔許敬宗、李義府等人為宰相，許多資訊屬國家機密，故此制度漸漸被廢止。

其四，重視縣令的任免。唐玄宗認為，郡縣官員是政治基層主力，代表國家形象。玄宗經常親自進行考核，確切了解縣官是否稱職。若考核成果優秀，立即拔擢；若不稱職，也會遭罷黜。

▶ 治理邊疆

唐玄宗知人善任，賞罰分明，幹練果斷，也是能創造開元盛世的主因。唐玄宗不僅穩定內政，也重視邊境攻防及胡漢關係，並且收復不少領地。

早在玄宗即位前，北方邊境已危機四伏。武氏執政初

期，約西元 686 年（萬歲通天元年），契丹族的李盡忠利用
民族矛盾，煽動部下反唐並攻占營州。武氏派兵鎮壓卻失
敗。後於西元 703 年，安西地區的碎葉鎮也遭突厥攻占，致
使絲路運輸癱瘓，嚴重影響唐朝外貿。北方領土於唐初年曾
經統一，且設置單于、安北都護府，分轄長城內外到貝加爾
湖地區。到武周朝主政時，突厥常擾邊境且攻占蔚州（今河
北省蔚縣）和定州（今河北省定縣），迫使唐朝南遷安北都
護府。

原先的府兵制由於均田制崩壞，致使農民逃亡，影響軍
隊兵源。高宗和武周時期，不甚重視軍事，到唐玄宗朝，逃
兵尤多且軍隊戰鬥力低，難和突厥軍隊抗衡。

於西元 723 年（玄宗開元十一年），玄宗接受宰相張說
的改革主張，建立雇傭兵。由關內招募軍士十二萬人充當衛
士，稱「長從宿衛」，又名「長征健兒」。這次改革是從府
兵制（徵兵制）到募兵制的轉變。此後，經過十多年的努
力，玄宗將制度推廣到全國。取消府兵戍守邊境的作法。同
時，募兵制改為集中訓練，提高整體戰鬥力。

➡ 整軍措施

除改革兵制外，玄宗還頒布《練兵詔》，令西北軍鎮擴
充軍隊、加強訓練。同時，任命太僕卿王毛仲為內外閒廄
使，負責軍用馬匹的糧草供應，軍馬短缺的情況得以緩解，

進一步提高軍隊戰鬥力。

最後，為徹底解決軍糧問題，玄宗又令官員擴充屯田範圍，於西北及黃河以北地區積極屯田，增加糧食產量。

做足充分準備，唐朝逐步收復營州，長城以北的回紇等少數民族也重新歸附唐朝。安北都護府也恢復運作，唐朝收復長江以北地區的轄權。而西域地區政權的恢復經歷兩階段。首先收復碎葉鎮，接著恢復絲路的貿易運作。

唐玄宗的政策使得政治、經濟、文化等都妥善發展，比美先祖唐太宗，開創中國歷史上的「開元盛世」。

═ 安史之亂 ═

玄宗末年，安祿山、史思明叛唐。安祿山是營州柳城（今遼寧省錦州市）的胡人，因軍功獲得重用及擢升，一身兼領范陽（今中國北京市）、平盧（今遼寧省朝陽市）、河東（今山西省太原市西南境）三鎮節度使，集軍、政、財三權於一身。

玄宗天寶十四年（755 年），安祿山因與權相楊國忠不諧，遂以討楊氏為名，一月自范陽起兵，南渡黃河、欲進洛陽。唐將封常清奉詔募兵抗敵，卻為叛軍所，洛陽遂失陷。

天寶十五年（756 年）正月，安祿山於洛陽稱王，以燕為國號。各地官民群起反抗叛軍，如常山（今河北省正定縣）

太守顏杲卿、平原（今山東省陵縣）太守顏真卿和河南一帶的張巡、許遠等。楊國忠因猜忌駐守潼關的大將哥舒翰，命其放棄固守，出關迎敵，結果大敗致使潼關失守。玄宗匆忙逃往成都，行至馬嵬驛（今陝西省興平市西境），從行軍士主張殺楊國忠，並進一步迫使唐玄宗縊殺楊貴妃。

長安陷落後，太子李亨由馬嵬驛北上，同年七月於靈武（今中國寧夏自治區靈武市西南境）即位，改年號為至德，是為唐肅宗，遙尊唐玄宗為太上皇。唐肅宗任用李光弼、郭子儀為主將，會集西北各軍，又得西域各族和回紇的援助，展開反擊。至德二年（西元757年），安祿山遭其子安慶緒所殺，同年唐軍收復長安、洛陽，安慶緒退守鄴縣（今河南省安陽市）。

乾元元年（西元758年），唐派九節度使率兵攻鄴。次年三月，降唐卻復叛的安祿山舊部史思明，自范陽率兵救鄴，數十萬唐軍意外潰敗。同年九月，史思明南占洛陽。上元二年（西元761年）三月，史思明又遭其子史朝義所殺。寶應元年（西元762年），唐代宗即位，借用回紇兵收復洛陽，叛軍將領見大勢已去，紛紛降唐。

次年正月，史朝義窮迫自盡，安史之亂至此平定。安史之亂是唐朝由盛而衰的轉捩點，戰火波及的地區，經濟結構遭到極大破壞，西北邊防十分脆弱，吐蕃乘機東侵。於平定

叛亂前後增設的節度使，權力也日益壯大，逐漸形成「藩鎮割據」的局面。

藩鎮割據

安史之亂爆發後，唐王朝為抵禦叛軍進攻，軍鎮制度擴展到內地，軍事重鎮設立節度使，掌握軍權；較次要的州則設防禦使或團練使，以守軍事要地。於是，陝西、山西、河南、安徽、山東、江蘇、湖北等地出現不少軍鎮，後來又進一步擴充到全國。

節度使本為軍官，但又常兼所在道的觀察處置使（由前期的採訪使改名），觀察處置使也大多兼都防禦使或都團練使之號，都成為地方上的軍政長官，是州以上的高級機構。節度使、防禦使等的領地構成唐朝後期的藩鎮，亦稱方鎮。

藩鎮並非都為割據一方，在今陝西、四川以及江淮以南，絕大多數都歸順朝廷，貢賦給予中央，職官任免直屬朝廷。但今河北地區則存在不受朝命，不輸貢賦的河北三鎮（今山東、河南、湖北三省），山西也曾有很長一段時間不受朝廷管轄。江南節度使大多是聽命中央，且其所轄地區是唐中、後期財政收入的主要來源。史學家將這類各據一方，或受朝廷管轄、或自立勢強的地區，統稱為「藩鎮割據」。

═ 北宋的建立 ═

　　北宋建立後，五代十國分裂割據的局面並未結束。於北，有遼扶植的北漢政權；南面、西面則分布如南唐、吳越、後蜀、南漢、南平（荊南）等割據政權。另外，周行逢、留從效分別於湖南、泉州、漳州等地建立政權。宋太祖評估形勢，鑑於南方是經濟重心，各國力量較弱、分散，而北方契丹建立的遼政權，相對強大、統一。故徵詢張永德、趙普等大臣的意見後，採取和後周世宗同樣的策略 ——「先南後北」、「先易後難」的戰略方針。

　　西元 963 年，宋太祖派慕容延釗、李處耘出兵兩湖盆地，滅掉荊南（即南平）和湖南（原楚地）的勢力。從此，宋軍西逼後蜀，東脅南唐，南可直取南漢，處於優勢地位。

　　西元 964 年，宋太祖派王全斌、崔彥進、劉光義、曹彬等，兵分二路向四川進攻，次年初滅後蜀。西元 970 年，宋太祖又派潘美率軍進攻南漢，次年又滅南漢。至此，南唐陷入宋軍的包圍中。

　　南唐後主李煜隨後向宋朝上表，表示願意削去南唐國號，稱江南國主。李煜試圖以對宋朝的恭順，來維持他在江南的統治權。不久，於西元 974 年，曹彬、潘美率十萬宋軍，戰船千艘，自荊南順流而下，進攻南唐。

　　西元 975 年，宋軍直抵金陵城下，李煜派出特使向宋太

祖苦苦哀求，說他未有過失，乞求緩師。宋太祖聞言大怒：「說什麼江南有無過失，豈不聞天下一家？臥榻之側，豈容他人鼾睡！」西元 976 年初，金陵城破。當時李煜在靜居寺聽和尚講經，聞變倉皇出降。

南唐覆滅後（西元 978 年，宋太宗迫使吳越的錢和漳、泉州的陳洪進相繼歸附。至此，暫且完成南方的統一。

西元 968、969 年，宋太祖先後兩次出兵進攻北漢，都因遼出兵援助遂無功而返。西元 976 年，宋太祖第三次進攻北漢。兩個月後，宋太祖驟崩，遼又出兵支援北漢，方即位的宋太宗只得下令撤兵。

西元 979 年，宋太宗親自統兵進攻北漢，包圍太原城。北宋軍隊於石嶺關附近擊潰遼所派援軍，迫使北漢投降。自此，五代十國的分裂局面宣告結束，北宋完成部分統一。

小知識 —— 北宋的文學藝術

在文學藝術方面，北宋才人輩出。宋朝科舉制度使文人得到自由發揮的空間。著名文人如王安石、范仲淹、司馬光、蘇軾、歐陽脩等。而宋朝詞作也與唐詩並列為中國古典文學藝術的雙璧。

繪畫、書法藝術上，北宋時期首推張擇端的〈清明上河圖〉。這幅長卷透過描繪汴京的風物、人情、市

景，使北宋民情躍然紙上，成為中國繪畫史上的不朽之作。

北宋中央集權的加強

宋太祖統治時期，曾採取如下政策，以限制藩鎮勢力：

- **稍奪其權**：讓京師直轄節度使駐地以外的州郡，派遣中央政府的文臣出任知州、知縣。
- **制其錢穀**：宋初於各路設置轉運使，將一路所屬州縣財賦，除諸州經費外，回輸開封。
- **收其精兵**：派遣使臣到各地從藩鎮軍隊中選拔禁兵。加強中央政府軍力，削弱藩鎮勢力。

宋朝統治的三百餘年，造就無心腹之患的統一政治局面。宋王朝設三衙統領禁軍，還建立樞密院，能調動全國軍隊，分掌軍政大權。調兵權（樞密院）與領兵權（三衙）析分為二，各自獨立，相互制約。宋太祖確立募兵、養兵制，使農民、流民轉為維護宋朝的軍力。

為能依賴軍力以加強統治，宋朝還制定許多政策，如兵將分離政策——即利用更戍法，將定期更換開封駐守的禁軍。又如內外相維政策——即將軍隊分半，一半屯駐京畿，一半戍守各地。守內虛外政策——即統治者注重內政，對遼

關係則採取消極態度。

宋太祖唯恐宰相權柄過大，讓軍政大權歸屬樞密院，而三司使掌握財政大權，宰相所掌僅限民政。

宋初還設置參知政事、樞密副使和三司副使，作為宰相、樞密使和三司使的副手，與各部門相互制約。此外，又提高御史臺、諫院等臺諫官的權力，作為皇帝的耳目。

宋太祖、太宗建立的制度，加強宋朝中央集權的形勢，為經濟、文化的高度發展創造良好條件。但是，過度強化中央集權制的政策，也使宋朝陷於積弱的處境之中。

═ 慶曆新政 ═══════════

宋仁宗統治時期，官僚體系規模增大，行政效率相對低下，民生不濟。遼和西夏也對邊防產生威脅。

慶曆三年（西元 1043 年），范仲淹、富弼、韓琦同為宰相，歐陽脩、蔡襄、王素、余靖同為諫官。范仲淹與富弼提出明黜陟、抑僥倖、精貢舉、擇官長、均公田、厚農桑、修武備、減徭役、覃恩信、重命令等十項政見，作為整頓吏治的改革主張。歐陽脩等人也紛紛上疏言事、從政積極。

宋仁宗採納群臣意見，施行新政並詔中書、樞密院同選諸路轉運使和提點刑獄。規定官員必須按時考核政績，以其政績決定升貶。重修蔭補法，規定除長子外，其餘子孫須年

滿十五歲、弟侄年滿二十歲才得恩蔭，而恩蔭出身也必須經過考試才得補官。又規定地方官職田之數。慶曆四年四月，修訂《科舉法》。另外，仁宗還頒布減徭役、廢並縣、減役人等詔令。

但由於新政影響貴族利益，因而遭阻撓。慶曆五年初，范仲淹、韓琦、富弼、歐陽脩等人相繼遭貶、遭斥，變法改革遂告失敗。

王安石變法

北宋中葉以後，朝廷內部官員數目持續激漲。宋真宗景德年間（西元 1004～1007 年），內外官達萬人之多；仁宗皇祐年間（西元 1049～1053 年）已達兩萬餘人，數量「十倍於國初」導冗費激增。大臣多「榻茸常材，斗筲小器」，行事保守，不得不與地方豪強妥協，土地兼併也日益嚴重，迫使農民轉職軍旅，使軍兵數量反增，歸因於北宋初年給予軍、公人員特權，可免除勞役和賦稅。

外交層面，宋朝對遼和西夏等國數度交戰。仁宗慶曆年間（西元 1041～1048 年）軍隊人數約一百二十六萬人，故「養兵之費，在天下據七八」。將不善兵事和軍紀鬆散使宋軍積弱，終日「遊戲於廛市間，以鬻巧誘畫為業，衣服舉措不類軍

兵」，甚至「衛兵入宿不自持被而使人持之，禁兵給糧不自荷而雇人荷之」，導致北宋國庫空虛，人民生活壓力沉重。

熙寧二年（西元 1069 年）二月，王安石推行新法，提出多項改革措施。然而，翰林學士范鎮認為實行「青苗法」是變富人之多取而少取之，然「少取與多取，猶五十步與百步」。七八月間，范純仁上書皇上，公開指責王安石「掊克財利」，捨「堯舜知人安民之道」，御史中丞呂誨上書劾王安石巧詐，說他「置諸宰輔（宰相），天下必受其禍」。

第二年，司馬光寫了三封長信給王安石，責難王安石「財利不以委三司而自治之，更立制置三司條例司」。「又置提舉常平廣惠倉使者」、「今介甫為政，盡變更祖宗舊法，先者後之，上者下之，右者左之，成者毀滅之，棄者取之，矻矻焉窮日力，繼之以夜不得息。……」。主張新法有「侵官」、「生事」、「征利」、「拒諫」、「致怨」等弊端，要求王安石廢新法，復舊制。

王安石則寫〈答司馬諫議書〉回覆：「如君實責我以在位久，未能助上大有為，以膏澤斯民，則某知罪矣。如日今日當一切不事事，守前所為而已，則非某之所敢知。」後來兩人完全決裂，司馬光辭官歸隱洛陽專心撰寫《資治通鑑》。

═ 宋代經濟的繁榮 ═

　　中國絕大多數王朝都採取「抑商」政策，宋朝則不然。宋朝建國初期，太祖趙匡胤即言：「多積金，市田宅以遺子孫，歌兒舞女以享天年」。宋太宗也號為「令兩制議政豐之術以聞」，神宗在位時「尤先理財」，令眾「政事之先，理財為急」。足見宋朝重視經濟發展的思想。

▶ 修訂法律

　　宋初，官員們研究理財求富之道，調整歷代立法中「重刑法、輕民法」的傳統，施行專賣法，如鹽法、酒法、茶法等法令，宋代也因此成為中國經濟活躍的時期之一。且宋的經濟法令還統一國家與生產者之間的利益分配關係，順應市場趨向。

　　宋代採行的政策使商業大興，商貿往來頻繁、手工業迅速發展，使得宋朝出現世界上最早的紙幣（交子）銀行，銀行甚至可以貸款、異地付款，經濟體制發展十分前衛。

　　以地域經濟狀況來說，宋時的發展不局限於江浙和四川等原先繁榮的地區，山區和少數民族地區的經濟、文化比起唐代更為成熟。

▶ 手工業的快速發展

　　宋代手工業比唐朝進步許多，諸如坑礦、茶鹽、造船、造紙、製糖、紡織、製瓷等。宋代手工業除了產地擴大、產

量增加外，技術也更為成熟。比如「糖冰」（冰糖）的新技術、「單筒井」的開鑿、宋瓷的改良精造等，反映技術的成熟和創新。而商業和手工業的興起，也促使農民改為從商或行手工業生產。

北宋時已經大量開採金、銀、銅、鐵、煤等礦藏，且全國各地也出現世界最早的製造工廠、加工工廠，如造船廠、造紙廠、印刷工廠、織布廠、火器廠、各地官窯等。可見當時手工業發展蓬勃的空前盛況！

▶ 重工業的崛起

北宋時期，人們掌握燒煤、煉鋼技術，大型手工業則雇傭幾百個全職的產業工人，而政府的兩處軍工業則聘用了八千多名工人，為重工業發展立基。

宋朝鋼鐵產量平均年達十五萬噸，與英國工業革命開始時（西元 1788 年）年產約七萬六千噸相較，即可對比出宋朝的高產量。此外，礦冶、造紙業、製瓷業、絲織、航海業等也十分發達。

▶ 城市商業化

唐代的城市多屬行政中心，而宋代市鎮則轉為工、商業化。由於經濟、城市的快速發展，「坊制」的突破、集鎮的興起，導致住宅區、商業區的界限逐漸消失，由「住商分

離」轉變為「住商合一」。開封和杭州的人口達到百萬人之多，當時的杭州即馬可波羅東行時在元初所見的繁榮城市。元朝後期，中國以外最大的城市是巴格達，其人口只有約三十至五十萬，數百年後阿拉伯旅行家伊本‧貝圖塔也稱杭州為「世上最大的城市」。

從事工商業的人民逐步增加、產量提升，國家財政收入的比例，工商業所占比重已超過農業。宋朝還出現近似現代報紙的「小報」、史上最早的商標。昭示宋朝商業化體系的逐步完善。此外，著名學者沈括所著的《貨幣流通速度論》也具有現代貨幣理論的水準。

宋朝重商的政策使得經濟更為繁榮，由農業主體轉型成為工商業主體，也讓中國的製造業、手工業蓬勃發展，創造宋朝的經濟繁榮盛況。

元朝的民族政策

元朝統治時期，統治者為削弱各族人民反抗意識，維護蒙古貴族的特權，於建國之初制訂多項種族政策。

▶ 種族階級

元朝統治者採用分而治之的方式，常用已征服的民族去對付未征服的民族。最先被征服的地位即逐漸提高，形成民族階級之分。

元世祖忽必烈曾將全國人民分為四等：第一等是蒙古人；第二等是色目人（色目一詞源於唐代，指各色各樣。包括中國西北各族及中亞、東歐人）；第三等是漢人（指原金統治下的漢族和女真、契丹、渤海、高麗等族。及四川地區的漢族）；第四等是南人（指南宋滅亡後南方的漢族、其他民族）。

這四等人的法律地位、政治待遇和經濟義務都有不同規定。如法律規定，蒙古、色目和漢人犯罪，分屬不同機關審理；蒙古人毆打漢人，漢人只得向司法部門申訴，不得還手；蒙古人醉酒打死漢人者，只需賠償喪葬費。漢人、南人不准集體打獵、持有弓矢、舉行宗教活動。政府機關中，蒙古人任正職，漢人、南人只能充當副職。如地方官吏，以蒙古人充各路達魯花赤，漢人充總管，回回人充同知，形成定例。同知、總管互相制衡，服從達魯花赤的領導。

科舉制度也有別，分進士為右左榜，蒙古人以右為上，因而右榜上的蒙古、色目人都算上選，而列為左榜的漢人與南人階級較低。蒙古人由科舉出身者，由六品官起任，而色目人、漢人、南人則遞降一級。

在這類階級社會中，色目人與蒙古人與漢人、南人明顯有別。比如徵稅按等徵收，徵集馬匹，不徵蒙古人馬匹，色目人則徵集三分之二，漢人、南人者全數徵集。

▶ 各地起義

順帝至元三年（西元 1337 年）二月，陳州人棒胡於河南信陽起義。同年四月，元政府下令：「漢人、南人、高麗人不得執持軍器，凡有馬者拘入官。」可見當時控制馬匹帶有防範農民起義的目的，並且禁私有兵器以護衛政權正當性。

元滅宋後，將全國劃為十二個行省，當時亳州隸屬河北行省歸德府，下轄六縣：譙、贊、鹿邑、城父、衛真、穀熟。至元八年（西元 1271 年），鑑於長期戰爭造成人口減少，亳州轄縣領地僅留譙、城父、鹿邑三縣。轄縣地位也由上等縣的「望」降為下等縣的「下」。

元至正九年（西元 1349 年），黃河連年決堤，黃水氾濫，蝗災嚴重，農田長期歉收。而蒙古統治者橫徵暴斂，亳州百姓不堪其苦遂揭竿而起，攻下城父縣城，殺縣令達魯花赤伯顏。不過最終仍遭元政府鎮壓。

於元朝統治的近百年裡，亳州人民從未間斷反抗，其中影響最大、時間最長的屬元末年紅巾軍起義。

小知識 ── 塔塔統阿創蒙古文字

蒙古族原無文字，只靠結草刻木記事。於鐵木真討伐乃蠻部的戰爭中，捉住名叫塔塔統阿的畏兀兒（高昌回鶻）人。他是乃蠻部太陽汗的掌印官，太陽汗尊他為

國傳，掌握金印和錢穀。鐵木真讓塔塔統阿留在自己左右。不久，鐵木真又讓塔塔統阿用畏兀兒文字母拼寫蒙古語，令太子諸王學習，這就是所謂的「畏兀字書」。

塔塔統阿創制蒙古文字，這在蒙古汗國歷史上是為創舉。由於擁有文字，成吉思汗進一步頒布文法、青冊。他死後不久成書的第一部蒙古民族史─《蒙古祕史》，即用畏兀兒文字書寫而成。

元末農民戰爭

元順帝至正十一年至至正二十七年（西元 1351 ～ 1367 年）九月，元代農民決定反抗並推翻元王朝。

▶ 白蓮教起義

元朝末年，內部政局動盪。元朝政府橫徵暴斂，土地兼併嚴重，社會經濟衰敗，階級、民族矛盾持續激化。至正十一年，民間團體白蓮教領袖韓山童、門徒劉福通，利用政府徵發十五萬人農民整治黃河的機會，藉農夫不堪官吏欺淩和沉重勞役，組織農民反抗元朝。

但由於消息走漏，韓山童被俘遇害，劉福通逃回潁州（今安徽省阜陽市）。至正十一年五月，劉福通率眾起義，以紅巾裹頭，稱紅巾軍。爾後率部西進河南，相繼攻克項

城（今河南省項城市南境）、羅山（今河南省羅山縣）、真陽（今河南省正陽縣）等地，軍隊擴增至十萬餘人。在劉福通起義的影響下，各地相繼爆發人民的反元抗爭。主要有徐州的李二（芝麻李）、趙均用，濠州（今安徽省鳳陽縣東北境）的郭子興、孫德崖，湘漢流域的布王三、孟海馬，蘄（今湖北省蘄春縣）、黃（今湖北省黃岡市）的彭瑩玉、徐壽輝等，均屬紅巾軍系。諸多起義軍中，以北方的劉福通和南方的徐壽輝勢力最強。這兩支起義軍的發展將元統治區切分成兩段，使元朝南北隔絕，還有張士誠等起義軍，強烈打擊元朝統治權。

▶ 元朝統治權動搖

在元軍攻勢下，起義軍節節敗退。徐壽輝被迫退出長江中、下游，主要活動於湖泊、山區。劉福通雖仍立足於河南，但領地狹小，起義聲勢衰微。

為徹底剿除起義軍，元朝又於至正十四年，派脫脫統兵四十萬人，向淮東張士誠部眾發動進攻。張士誠僅率數千人堅守高郵（今江蘇省高郵市）一個多月，脫脫率四十萬大軍無功而返，頓兵城下。元順帝聽信讒言，臨陣易將，免去脫脫的指揮權，導致軍心渙散。張士誠乘機奪取淮東地區後，又南渡長江、進占浙西（今浙江省北部和江蘇省南部）。其他各地起義軍亦趁機主動出擊，如徐壽輝重新占領湖廣、江

西地區。郭子興部將朱元璋南渡長江，攻占集慶（今江蘇省南京市）等地，並占領江東和浙東地區。

經過三年激戰，元軍主力受到重創，喪失軍事優勢。至正十五年（西元 1355 年）二月，劉福通迎立韓山童之子韓林兒為帝，號小明王，國號宋，定都亳州，改元龍鳳。爾後，劉福通又率部相繼攻占鄧（今河南省鄧縣）、許（今河南省許昌市）等州，增至三十餘萬人。至正十七年（西元 1357 年）六月，劉福通以河南為基地，分兵三路北上伐元。

西路軍由白不信、大刀敖、李喜喜等率領下進軍關中，攻興元（今陝西省漢中市）入鳳翔（今屬陝西省），直逼長安（今陝西省西安市）。受阻後又兵分兩路，一路轉入四川，一路西進攻取靈武（今寧夏自治區靈武市）；中路軍由關先生、破頭潘等率領下轉戰河北、山東等地，並一度攻入保定，威脅大都（今北京市），後由大同（今山西省大同市）轉戰塞外，於十八年底攻克元上都開平（今內蒙古自治區多倫縣西北境）。旋即轉戰遼東、攻克遼陽（今遼寧省遼陽市），東入高麗；東路軍由毛貴率領由山東北上，直逼大都，威震京師，後恐孤軍深入，退回山東。

此次北伐雖因戰略不明確、無妥善溝通，未能徹底推翻元朝。但劉福通攻占汴梁（今河南省開封市），控制中原及北方諸多地區，已從根本上動搖元朝的統治基礎。

▶ 元末連年混戰的局面

元軍在起義軍的打擊下損失慘重。為與起義軍抗衡，元廷重新組織軍事力量，除元朝軍隊外，還徵用民軍。拔擢對鎮壓起義軍有功的將領和民軍首領，北方起義軍轉為被動。新的形勢下，劉福通未能及時調整戰略部署，依然分兵出擊，導致兵分勢寡，加之起義軍將領相互殘殺，削弱力量，讓元軍有可乘之機。

至正十九年，察罕帖木兒攻陷宋政權都城汴梁，劉福通、韓林兒頑強突圍南向安豐（今安徽省壽縣）。至正二十二年，察罕帖木兒遇刺死後，擴廓帖木兒繼為統帥，率軍繼續鎮壓山東起義軍。不久，山東起義軍即遭鎮壓，河南、山東又讓元軍收復。黃河以北的起義鬥爭再次轉入低潮。

元統治集團雖在軍事上取得勝利，但內部矛盾日益加深，新興將領擁兵自重、相互吞併，從而激化元朝內部矛盾，北方出現軍閥連年混戰的局面。

▶ 南方政權割據

在北方軍閥連年混戰的同時，南方各起義軍得到迅速發展的機會，逐漸形成政權割據的局面。

朱元璋占據集慶後，改集慶為應天府。但四面受敵，東有元將定定扼守鎮江；東南有張士誠占平江（今江蘇省蘇州

市）、常州（今江蘇省常州市）和浙西地區；東北有地主武
裝青衣軍張明鑑占揚州（今屬江蘇省）；南面有元將八思爾
不花駐屯徽州（今安徽省歙縣），西面有徐壽輝占池州（今
安徽省貴池區）。

為抵抗多方威脅，朱元璋先後派兵攻占鎮江、廣德（今
安徽省廣德縣）、長興（今浙江省長興縣）、江陰（今江蘇
省江陰市），拓展並鞏固勢力範圍。爾後，打擊孤立無援的
浙東元軍。為鞏固占領區和持續壯大勢力，朱元璋採納朱升
「高築牆、廣積糧、緩稱王」的建策，經四五年的準備後，
便開始進行統一江南的計畫。

朱元璋根據形勢，發覺自己處於陳友諒和張士誠兩大勢
力之間，制定先西後東、先強後弱的戰略方針。

至正二十年閏五月，陳友諒殺徐壽輝並自立為帝，立國
號漢，改元大義。是月初五，陳友諒率十餘萬大軍順江而下
攻應天府。朱元璋誘敵深入，以伏兵擊敗陳友諒。二十三年
二月，張士誠派呂珍圍攻安豐，安豐糧盡援絕，劉福通戰
死，朱元璋聞訊往援。三月，朱元璋渡江，三戰三捷，解
安豐之圍。四月，陳友諒藉朱元璋往救安豐、江南空虛之
時，以號稱六十萬的大軍於十一日圍攻洪都（今江西省南昌
市）。朱元璋得訊後於七月初六，親率舟師約二十萬往救洪
都，兩軍會戰於鄱陽湖。朱元璋軍採用火攻，陳友諒兵敗身

亡，主力傷亡慘重。二十四年二月，朱元璋攻克武昌，陳理投降，大漢政權滅亡。

▶ 朱元璋北上伐元

朱元璋攻取武昌後，旋即攻占襄陽（今湖北省襄陽市）一帶，控制了長江中游。為穩定江漢局勢，朱元璋又與四川明玉珍結盟，轉兵東向攻張士誠。朱元璋根據張士誠占領區南北狹長、中隔長江、南北兵力應援不便等弱點，制定「先取通泰諸郡縣，剪士誠肘翼，然後專取浙西」的戰略方針。

二十五年十月，徐達、常遇春率水步騎軍，水陸並行進攻淮東。朱軍迅速占領泰州（今江蘇省泰州市）、高郵、徐州等地，從而占領淮東，完成攻取淮東剪其羽翼的作戰方針。

至正二十六年八至十一月，朱元璋先後攻克湖州（今浙江省吳興區）、杭州等重鎮，對平江形成北、西、南三面合圍之勢。至正二十七年九月，平江城遭破，張士誠被俘。此等形勢下，浙東方國珍被迫請降，朱元璋統一江南。隨後，他決定南征北伐並進，以北方為重並北上伐元。

鄭和下西洋

朱元璋建立明朝後，鄭和曾奉命出使，進行共七次向外航海活動。

鄭和，本姓馬，回族，雲南昆陽（今雲南省晉寧縣）人，世界著名的航海家。洪武（西元 1368～1398 年）朝入宮，初任職於燕王藩邸，隨朱棣起兵有功，擢升為太監，賜姓鄭。歷事永樂（西元 1403～1424 年）、洪熙（西元 1425 年）、宣德（西元 1426～1435 年）三朝，世稱「三保太監」，也稱「三寶太監」。

明朝以今馬來西亞婆羅洲為中心劃分東、西洋，婆羅洲以西稱「西洋」，以東稱「東洋」。「汶萊，即婆羅洲，東洋盡處，西洋所自起也。」鄭和航海所及地區大都在婆羅州以西，所以稱「下西洋」。明成祖朱棣即位後，「疑惠帝（朱允炆）亡海外，欲蹤跡之，且欲耀兵異域，示中國富強」，特派鄭和出使西洋。

鄭和第一次遠航是永樂三年（西元 1405 年）六月，他與副使王景弘等從蘇州劉家河（江蘇省太倉市東境瀏河鎮）出發，首先到占城（越南南部），遍歷爪哇（印尼爪哇島）、暹羅（泰國）、滿剌加（麻六甲）、蘇門答臘、忽魯謨斯（阿拉伯半島波斯灣）等地，於永樂五年九月返回首都南京，歷時兩年零三個月。

鄭和此次航行共有船隻六十三艘,共兩萬七千航海員,最大的船長一百四十六公尺,寬六十公尺,可容納千餘人,是當時最大的航海船。船上備有航海圖、羅盤等,具有當時最先進的航海設備。

從永樂六年到宣德八年(西元 1433 年),鄭和又先後六次率艦隊遠航,前後歷時二十餘年,共經歷亞、非三十多個國家和地區,最遠到達非洲東海岸,比西方的哥倫布、達伽馬等航行時間早將近一個世紀,是世界航海史上的創舉。

鄭和遠航的船隊,滿載瓷器、絲綢、錦綺、鐵器等,代表明朝向各國贈送禮品,邀約他們派遣使臣來訪中國。同時,也和他們進行貿易,交換象牙、寶石、珍珠、香料等稀物。

鄭和的遠航促進中國和亞非各國的經濟、文化交流,改善外交關係。多國遠航船隊訪問後,陸續派使臣前往中國,建立邦交、進行貿易。後來鄭和船隊的隨員馬歡著《瀛涯勝覽》、費信著《星槎勝覽》、鞏珍著《西洋番國志》,記載所至各國的風土民情,建構當時中國人民對於世界地理的知識體系。

= 明末農民起義 ===========

明朝末年，以李自成、張獻忠為首的農民軍，轉戰陝西、山西、四川、河南、河北等十多省，逐步推翻明朝政權。

▶ 殘酷的統治引發起義

明末政治境況日益衰頹，剝削和壓迫更加嚴酷。加之連年災荒，激起貧苦農民的怨憤。天啟七年（西元 1627 年），陝西澄城縣農民為反抗苛重賦稅，聚眾造反並殺死知縣，周邊各地農民紛起響應。

崇禎元年（西元 1628 年），府谷縣王嘉胤、白水縣王二、安塞縣高迎祥、清澗縣王左掛、漢中王大樑、階州（今甘肅武都）周大旺相繼起義。此外，陝西三邊官兵由於長期缺餉，也嘩變或參加起義。二年，明廷大量裁減驛卒，引起失業者反抗。次年，驛卒李自成也因遭裁減，集眾參加農民起義軍。這年前後，張獻忠、王自用等也都陸續揭竿起義。陝西北部和山西西部廣大地區也都爆發了農民起義。

▶ 起義勢頭凶猛

面對來勢洶洶的反抗軍，明廷於崇禎二、三年間，先後命楊鶴為三邊總督，洪承疇為延綏巡撫，杜文煥、曹文沼為正副總兵，統率陝西邊軍精銳鎮壓反抗軍。農民軍因缺少主

將統領，各自為戰導致損失慘重，王左掛被殺，王二、王大樑等戰死。

明廷不斷增兵，戰地不斷轉移、擴增，多數東渡黃河入山西，各支隊伍時分時合。崇禎四年六月，實力最強的王嘉胤被反抗軍叛徒刺殺。王自用（綽號紫金梁）繼為首領，聯絡山西各部農民軍，集結並統領約二十萬農民軍。

崇禎五年，起義軍先後攻克隰州（今山西省隰縣）、壽陽、澤州（今山西省晉城）；另一隊由山西進入河南，攻克修武，於懷慶（今河南省沁陽市）遭明軍堵截，遂折返山西，於年底攻克遼州（今山西省左權縣）。

崇禎六年正月，農民軍越太行山進入順德（今河北省邢臺市）、真定（今河北省正定縣）兩府，被大名副使盧象昇所敗，退入河南濟源瀕臨黃河的狹地。同年十一月，農民軍藉黃河冬凍、明軍鬆懈，衝破防線越黃河、入澠池，分道南下。最後經河南進入湖北、安徽、四川等地區。

崇禎七年春，明廷命延綏巡撫陳奇瑜為陝西、山西、河南、湖廣、四川五省總督，率兵十餘萬圍剿農民軍，致使農民軍又退守陝西。同年夏，張獻忠領 4 萬多人，在漢中棧道附近誤入險境，偽降以逃脫，分赴西安、甘肅慶陽、鞏昌（今隴西）、平涼一帶。陳奇瑜因此被革職，洪承疇接任總督，調集河南、湖廣、山西、四川等地明軍西入潼關，欲

在陝西聚殲農民軍。高迎祥等人由陝西揮師東進河南，經上蔡、新蔡進入潁州（今安徽省阜陽市）地區。

崇禎八年正月，農民軍共七十二營的首領聚河南滎陽商議，確立分兵出擊戰略。八月十五日，張獻忠等一眾農民軍攻克明中都鳳陽（今屬安徽省），毀明皇陵。崇禎帝朱由檢得報大驚，急令洪承疇統軍出潼關，會同中原各省軍隊圍剿。農民軍避實就虛，再入陝西。六月，李自成等於寧州（今甘肅省寧縣）擊殺明副總兵艾萬年、柳國鎮等千餘名兵將。總兵曹文詔率軍追擊，在真寧（今甘肅省正寧縣西南境）遭農民軍伏擊，曹因兵敗自盡。同年秋，高迎祥、張獻忠出潼關，轉戰河南、安徽等地。

崇禎八年八月，洪承疇軍在陝西被李自成牽制，難以東顧。明廷又命盧象昇總理江北、河南、山東、四川、湖廣各地軍務。

崇禎九年七月，高迎祥返回陝西，於盩厔（周至）被明軍俘殺，李自成隨後被擁為「闖王」。同年十月，崇禎帝任用原宣大總督楊嗣昌為兵部尚書，統一督剿軍務。

崇禎十年二月，楊嗣昌提出「四正六隅十面網」的「圍剿計畫」，分防而協剿，以守為主。四月，明廷命兩廣總督熊文燦為兵部尚書，總理南京、河南、陝西、四川、湖廣等地軍務，代盧象昇擊抗農民軍。十年冬，李自成等由漢中南

下四川，先後攻克三十八個州、縣，最後包圍成都。

　　崇禎十一年四月，張獻忠進攻南陽（今屬河南省），遭明總兵左良玉、陳洪範襲擊，身負重傷，接受明廷招撫。十一月，羅汝才（綽號曹操）所領九營農民軍，遭湖廣、陝西等地明軍夾擊，也接受招撫。張、羅領部眾分屯穀城、房縣（今皆屬湖北省），拒絕改編、遣散和徵調。占地於安徽、湖北交界地區的馬守應、賀一龍、賀錦、劉希堯、藺養成等「革左五營」，則隱入大別山區，和明廷溝通受撫。起義聲勢漸趨衰微。

▶ 東山再起

　　李自成汲取教訓，集結舊部以圖再起。張獻忠、羅汝才借受撫保存實力，於崇禎十二年五月隨清軍大舉入關，明廷改任洪承疇負責薊遼軍務，孫傳庭負責保定、山東、河北等地軍務，農民軍率部復起，於房縣西境之羅猴山伏擊總兵左良玉、擊殺副將羅岱等萬餘兵士，明廷招撫策略宣告失敗。崇禎帝下令處死熊文燦，任楊嗣昌為兵部尚書兼東閣大學士、左良玉掛平賊將軍印，聯合各省明軍合剿張、羅義軍。

　　崇禎十三年春，張獻忠於四川太平（今四川省萬源市）瑪瑙山等地，遭左良玉軍隊和陝西明軍包圍，突圍過程損兵約萬人。七月，張獻忠率軍東返興山（今屬湖北省），和羅汝才軍會合。同年九月，張、羅聯軍突破四川明軍防線，經

大昌、開縣、梁山（今重慶省梁平區）攻巴州（今四川省巴中市）、劍州（今四川省劍閣縣），楊嗣昌於四川、湖北交界挫敗農民軍。

崇禎十四年正月，張、羅聯軍為擺脫追擊的明軍，突由巴州、達州（今四川省達川區）挺進湖廣一帶。楊嗣昌急令駐鄖陽（今湖北省鄖縣）的左良玉堵截。同月十三日，張獻忠、羅汝於開縣黃侯城（一說黃陵城）擊敗猛如虎軍隊，順利出四川入湖北。二月，奇襲襄陽、擒殺襄王朱翊銘，迫楊嗣昌自殺，農民軍聲勢大震。當張獻忠、羅汝才聯軍和明軍周旋於四川時，李自成乘機由陝西商州進入河南淅川、內鄉一帶，和當地數萬農民軍、饑民會合，連克郟縣、偃師、寶豐等十餘縣。

崇禎十四年正月，奪洛陽、斬福王朱常洵。張獻忠、李自成短期內斬殺兩藩王，昭示農民軍革命已有成效。

▶ 層巒疊起

崇禎十四年二月，李自成攻開封意外中箭傷目，主動撤圍與羅汝才聯合。崇禎帝急令追擊李自成、羅汝才聯軍。

崇禎十四年九月，明軍於河南項城南遭農民軍伏擊，賀、虎、李三總兵敗逃沈丘，楊文岳逃入陳州（今河南省淮陽區），傅宗龍所率六千人被全數殲滅。

崇禎十五年十二月，李自成又率四十萬軍隊經南陽進取

湖廣，次年正月占襄陽、荊州（今荊沙一帶）、承天（今湖北省鐘祥市）、德安（今湖北省安陸市）四府，被推為奉天倡義文武大元帥，改襄陽為襄京，設立政權機構。

崇禎帝聞訊，嚴令孫傳庭重振軍旅，與左良玉合擊農民軍。李自成得悉後，親率主力由襄陽入河南，採取誘敵深入之策，以少數兵力至洛陽南阻滯明軍，將主力集中於郟縣地區，另派劉宗敏領騎兵萬餘人繞至明軍後方，占據汝州西北之白沙，斷其餉道。孫傳庭知中計，下令回師補給。李自成乘機發起總攻，明軍被殲四萬多人，孫傳庭率殘兵退保潼關。

義軍大捷後於十月初破潼關，擊殺孫傳庭。陝西明軍精銳被殲幾盡，李自成乘勢又占領西安，分兵攻取陝西境內其他州縣。

崇禎十六年五月，張獻忠占漢陽、武昌，稱西王。同年秋，率軍占領湖廣南部和江西袁州（今江西省宜春市）、吉安兩府。不久棄湖南、江西，進軍四川。

▶ 李自成稱帝

崇禎十七年（時清順治元年，西元 1644 年）正月，李自成於西安建國，國號大順，年號永昌，改西安為西京，置官職、定軍制。同時大封功臣，授劉宗敏、劉芳亮等為侯爵。同年二月，大順軍兵分兩路攻北京。兩路大軍除於山西寧武

和河北保定遇抗外，其他地方明軍不戰而降。

　　崇禎十七年三月十九日，李自成攻占北京並推翻明朝，控制長江以北、黃河流域廣大地區。李自成等人由於對清軍情況不明，缺乏統籌全域的戰略眼界，於軍事部署和策略上犯了重大錯誤，導致四月山海關之戰的慘敗。李自成匆忙退守北京，於四月二十九稱帝，次日離京向山西轉移，大順軍形勢急轉直下。六月，張獻忠攻占重慶，八月攻克成都，分兵取未歸附州縣。十一月，張獻忠於成都稱帝，建國號為大西，年號大順，改成都為西京。同樣設官職、立軍制。結果在和南明政權交戰中殃及無辜，使局勢惡化。

▶ 起義失敗

　　順治二年正月，李自成兵敗於潼關，被迫放棄西北，經河南向東撤退。五月，李自成在通山縣（今屬湖北省）九宮山遭民軍殺害（一說兵敗後禪隱湖南省石門縣夾山）。三年八月，張獻忠率兵西邊抗擊清軍，十一月中箭身亡。部將孫可望、李定國、劉文秀、艾能奇等率餘眾退守貴州、雲南，並轉而聯合南明政權，成為抗清主力。

　　康熙元年（西元 1662 年），李定國病卒，部眾降散。大順軍餘部亦聯合南明投入抗清，持續到康熙三年劉體純、郝搖旗、袁宗第、李來亨等夔東十三家軍，抗清之戰宣告失敗為止。

　　明末起義戰爭中，數支農民軍雖缺乏統一領導，以戰略角度而言機動性較高，時而各自為戰，時而合兵殲敵，始終針對明軍。戰術層面上，農民軍以走制敵，採取游擊作戰，尋機殲滅明軍。奔襲襄陽、決戰汝州等著名戰役中，取得輝煌戰果。但是，農民軍推翻明朝、占領北京後，李自成等首領耽於享樂、執政失措，對女真族軍事力量和入關企圖缺乏危機意識，致山海關之戰大敗，反明革命最終以清朝立國宣告結束。

小知識 ── 李自成死因之謎

　　李自成之死因至今仍有爭議。《明史·李自成傳》也無法詳述其殉死經過。

　　近來，李自成死因有以下幾種說法：

1. 自縊說。其根據是清軍統帥阿濟格向朝廷的奏報。奏報中說：「……自成竄走時，攜隨身步卒僅二十人，為村民所困，不得脫，遂自縊死。」
2. 戰死說。《通山縣誌》中載：「九伯聚眾殺賊首於小源口」。而《程氏宗譜》則載：「剿闖賊李延於牛跡嶺下。」但卻沒有明確指出，程九伯的確殺死了李自成，而只證實殺死李延。

3. 意外說，即誤傷致死。清初吳偉業《綏寇紀略》中說：李自成率二十騎到九宮山，讓將士留在山下，隻身上山拜謁元帝廟。當地村民「疑以為劫盜」，於李自成跪拜時，遭村民用荷鍤擊傷頭部，村民一擁而上，「碎其首」而亡。

4. 搏死說。康熙年間費密撰寫的《荒書》中說：「李自成率十八騎，由通山過九宮山嶺」時，山民「聞有賊至，群登山擊石，將十八騎打敗」，李自成一人和山民程九伯赤手搏鬥，被程九伯外甥金某從背後以鏟猛擊頭部，即刻而亡。

5. 夾山寺禪隱說。西元 1981 年於湖南省石門縣夾山寺發現一座古墓，墓主奉天玉和尚違背僧規，按俗禮下葬，而葬俗又與本地葬俗不同，最後認為奉天玉和尚很可能便是李自成。

6. 青城歸隱說。考古人員曾於青城葦茨灣李文生家中，發現一本抄修於康熙三年的《李氏家譜》。經研究認為，李自成兵敗後，化為和尚投靠其在榆中青城的叔父李斌，晚年生活在附近的深山中，並葬於龍頭堡子山下。

═ 清軍入關 ═

清朝的前身是後金（由努爾哈赤創立）。西元 1636 年，努爾哈赤第八子皇太極於盛京（今東北省瀋陽市）稱帝，改國號為清。

西元 1644 年李自成率大順農民軍攻進北京，推翻明朝前不久，皇太極病死，清朝大權旁落多爾袞手中。

多爾袞是努爾哈赤第十四子，本來被努爾哈赤指定為繼承人，但皇太極實力強大奪權。皇太極死後，多爾袞正值年富力強，挑選皇太極年僅六歲的兒子福臨立為皇帝，成為攝政王，獨攬大權、掌管朝政。明滅後，多爾袞決定進軍中原，率領軍隊向山海關進發。

後來吳三桂卻派人面見多爾袞，請求合兵攻打李自成軍。多爾袞聞訊後立刻寫信給吳三桂，答應出兵並稱降清可以封王。吳三桂於是降清。

李自成得知吳三桂不肯歸順，便親自率軍到山海關征討吳三桂。清順治元年（西元 1644 年）四月二十二日，李自成和吳三桂雙方進行決戰。起初，農民軍包圍吳三桂的人馬，占據上風。然而，埋伏已久的清軍發動奇襲。農民軍猝不及防遂敗陣。李自成方知吳三桂已降清，他深知敵眾我寡，決定長期抗清。

四月二十九日，李自成於武英殿登基稱帝，次日早晨即

率軍撤往陝西。兩天後，清軍浩浩蕩蕩地逼臨北京城下。北京城裡的文官武將連忙出城迎接。

多爾袞實現努爾哈赤和皇太極多年的夙願——入主中原、占領北京。他決定立刻遷都，可不少滿族官員反對遷都。某些大臣建議先行留軍駐守北京，先回瀋陽。多爾袞嚴肅地說：「先皇（指皇太極）在世時曾說：若得北京則馬上遷都，以圖進取。況且人心未定，不可輕易放棄北京。」幾天後，奉命回盛京接小皇帝的使者，帶著多爾袞的親筆信上路。

同年十月，順治帝福臨由盛京遷到北京。多爾袞以皇帝名義下詔，宣布改北京為首都。從此，清朝由偏居東北的地方政權，成為統治全國的大清帝國。

康雍乾盛世

康熙、雍正、乾隆三朝，是中國王朝最後一個盛世，從西元 1662 年起至 1795 年止，歷時一百三十多年。此間，由於清朝相繼施行緩和民族、階級矛盾，維護統一的民族政策，保證相當社會安定，人民得以安心生產，使社會經濟迅速復甦，並登上中國王朝的巔峰。

當時清朝是世界上最強大的帝國之一，雄踞東亞。在康雍乾盛世時期，康熙帝平息三藩之亂、納臺灣於領地，平定

厄魯特、蒙古、噶爾丹的叛亂，阻止俄國東侵。乾隆帝時期，制服今四川西北部大小金川的反抗，平定新疆地區大小和卓木的暴亂，阻止廓爾喀進犯西藏，鞏固多民族國家的政權，遏止西方列強侵略。當時，無論英、俄，都忌憚於清朝國力。

康雍乾盛世的經濟發展迅速。耕地面積迅速增加，至雍正朝已達到了九億多畝，超過以往朝代。加上農業技術的高度發展，單位面積產量提高，全國糧食總產量進而增加。商品貿易也迅速發展，全國出現許多新興城鎮。

康雍乾盛世將中國經濟程度推至高峰，但同時也將帝國主義發展到極致，特別是屢興「文字獄」，用恐怖手段來強化思想統治，使中國文化進程受到局限。

近代時期

═ 金田起義 ═

　　西元 1851 年 1 月 11 日，洪秀全於廣西桂平縣金田村率眾起義，建國號為「太平天國」。同年 3 月，太平軍轉戰武宣東鄉，洪秀全稱「天王」。9 月，太平軍攻占永安州。滯留永安期間，休整補充兵力和創設制度，奠定太平天國政治制度的雛形。

　　西元 1852 年 4 月，太平軍從永安突圍，北上圍桂林、克全州進而入湖南。於全州戰役中，馮雲山戰死。太平軍轉戰湖南途中，發布〈奉天討胡檄布四方諭〉等詔諭，闡明太平天國「掃除妖孽，廓清中華」的宗旨，號召群眾響應。甚至湘江上的縴夫、船工，碼頭上的挑夫、搬運工，城鎮中的鐵匠、商販、木匠以及郴州、桂陽山區的煤礦工人等，皆參加起義，太平軍迅速壯大。

　　西元 1853 年 1 月，太平軍攻克武漢三鎮，兵士增至五十萬人，聲威大振。同年 2 月，太平軍水陸兼程，沿江東下連克九江、安慶、蕪湖等重鎮。3 月 19 日，太平軍占領南京，洪秀全入南京城，宣布改南京為天京，定都天京。太平天國建立與清朝對峙的革命政權。

八國聯軍侵華

　　自從西元 1894 年中日甲午戰爭戰敗後，列強開始覬覦中國土地。十九世紀末，西方列強開始瓜分中國。隨著戰爭賠款益增，人民不堪重負，引致義和團革命。據此，清政府疲於抵抗內憂外患。

　　西元 1900 年 6 月 11 日，英海軍中將西摩爾率領八國聯軍兩千多人強占由天津駛往北京的火車。列強侵略激起義和團堅決抵抗。6 月 12 日，義和團與清軍董福祥、聶士成聯合作戰，切斷八國聯軍與天津的聯繫。6 月 14 日至 18 日，聯軍遭義和團困於廊坊、落岱、楊村一帶。面對運用槍炮的聯軍，義和團不惜以血肉之軀與敵人拼搏，傷滅敵軍三百餘名，西摩爾潰不成軍，被迫沿運河退回天津。義和團暫時阻止八國聯軍進犯北。

　　6 月中旬，列強海軍在俄國將領指揮下，聯攻大沽口炮臺，遭守軍堅決抵抗。清軍共擊傷擊沉敵艦共六艘、斃傷敵軍兩百餘名。正值雙方激烈交戰，守將羅榮光不幸中彈犧牲，清軍驟失統領，大沽炮臺遂失守。6 月 21 日，清政府正式向各國「宣戰」。

　　大沽口失陷後，俄、英、德、美援軍數千人，闖入天津海河西岸的紫竹林租界，對天津城週邊發動猛攻，義和團保衛天津。董福祥率義和團進攻老龍頭火車站，斃傷俄軍五百

餘名，車站數度易手。張德成率義和團、清官軍圍攻紫竹林，以「火牛陣」踏平雷區，衝入租界。聶士成堅守天津城南海光寺一帶。7月9日八里臺一戰，聶士成身中七彈仍堅持戰鬥，直至血竭而亡。7月14日，天津失陷。8月4日，聯軍兩萬餘人由天津進逼北京。13日進臨北京城下，進攻東便門、朝陽門、東直門，英軍率先由廣渠門破城。8月14日，北京陷落。次日晨，西太后（慈禧）和光緒皇帝倉惶出逃。

聯軍入城後，先後抵禦義和團對東交民巷、西什庫教堂的圍攻，義和團被迫退出北京，轉往外地抗擊列強。慈禧太后於流亡途中，匆忙任命李鴻章為議和代表，發布除去義和團的命令，義和團即在清朝反對和列強夾攻下衰亡。

小知識 —— 八國聯軍暴行

八國聯軍占領北京後，派兵四處攻城掠地，擴大占地。西元1900年9月，俄軍侵占秦皇島、山海關，同時集中兵力，分五路對東北地區實施軍事占領。10月中旬，德軍統帥瓦德西率兵三萬來華，攻占保定、張家口等地。

八國聯軍侵華，聯軍所到之處，燒殺擄掠、姦淫劫盜，無數村鎮淪為廢墟，天津三分之一毀於戰火，北京城一片斷壁殘垣。八國聯軍於北京將清宮無數文物珍寶洗擄一空，大批群眾慘遭殺害。

1901 年 9 月 7 日，慶親王弈劻、李鴻章代表清廷，與列強簽訂《辛丑合約》。條約規定如：中國需賠償銀四億五千萬兩、北京使館區及北京至山海關鐵路沿線，交由外國駐軍；禁止中國人民組織革命團體等。《辛丑合約》雖然保住清政府權柄，但卻強化列強對中國的侵略及控制。

義和團運動

義和團運動發生於西元十九世紀、二十世紀之交，成員以北方農民為主，自發性革命運動。體現中國人民不屈列強侵略的民族精神。義和團運動是近代中國反帝國主義革命的代表。

義和團也稱義和拳派，是白蓮教支派，主要於山東西部祕密活動。義和拳信神練功，其信眾主要為農民和手工業者，其活動一直受清政府的查禁。西元 1898 年以後，義和拳改稱義和團，將矛頭指向列強帝國主義，打擊外國教會。1900 年 6 月 13 日，義和團運動揭開序幕，迅速壯大，勢如燎原烈火，很快掀起席捲中國北部、震撼世界的革命運動。

義和團運動的爆發，是 1860 年代以降中國人民反洋情緒的蓄積。從十九世紀開始，隨著列強向中國不斷擴張，宗教也成為進行文化侵略的媒介。外國傳教士湧入中國，成為中

國社會特殊勢力。因著傳教士的不法行為,人民反抗的情緒也更加強烈。

甲午戰爭後,列強加緊侵略中國沿海軍港,並深入內地瓜分鐵路、礦山權益,企圖獲取更多利益。外國傳教士籠絡土豪劣紳、流氓惡棍作為教眾,霸占土地、欺壓百姓。清朝官吏迫於列強壓力,多次庇護教士、壓制百姓。為保護生命、財產的安全,百姓轉而加入義和團。

義和團的基層單位是「壇」,每壇二十五人,設有壇主。入壇的人需焚香宣誓,並嚴格遵守「不擾民、不貪財」等戒條。義和團提出「扶清滅洋」的口號,仇恨列強文化所屬的鐵路、輪船、洋貨、教堂等,多次毀壞這些設施。

隨著義和團聲勢日益壯大,列強愈加不安,不斷施壓清政府鎮壓義和團運動,還干涉清政府內政,令清政府派袁世凱到山東鎮壓義和團。隨後,列強又組成八國聯軍,鎮壓中國人民的革命運動。義和團為捍衛民族獨立,奮起反抗,給予列強沉重打擊。但由於力量懸殊,義和團運動在清政府和列強的聯合鎮壓宣告失敗。

= 洋務運動

西元 1860 ～ 1890 年代，清政府在「自強」、「求富」口號下，推行針對近代軍用及民生企業為主要內容的改革，含外交、軍事、經濟、文教等領域，史稱「洋務運動」，也稱「同光新政」。

▶ 洋務運動的興起

清政府在鎮壓太平天國期間，曾向外國購買大量新式武器，改進軍備。西元 1861 年（咸豐十年）初，恭親王奕訢奏請聯絡外國，對付太平天國，並提出改革外交、通商、教育的舊制，以適應新的形勢，遂被朝廷採納。同年，清政府設總理衙門，交由奕訢主理，綜理洋務事宜，設南北洋通商大臣，辦理地方交涉事務。

鎮壓太平天國的主力為曾國藩、左宗棠、李鴻章等人，成為推動洋務運動的重要力量。他們先購買槍炮，1860 年代後轉向重工業製造，打出「自強」旗號。1861 年，曾國藩於安慶設內軍械所，試製槍彈。西元 1862 年（同治元年），李鴻章又率淮軍抵上海，設立三所洋炮局。次年，將三所中的一所遷至蘇州。

▶ 軍用企業出現

太平天國運動遭鎮壓後，軍工業興起。1865 年，曾國藩、李鴻章在上海創辦江南製造局，生產槍炮彈藥、修造輪船，成為當時規模最大的軍工業。

同年，李鴻章出任兩江總督，將蘇州洋炮局遷至南京，擴建為金陵製造局。

1866 年，閩浙總督左宗棠於福建馬尾建成福州船政局。1867 年，經奕訢奏准，三口通商大臣崇厚成立天津機器局。

1870 年代後，左宗棠在蘭州、岑毓英在昆明、瑞麟在廣州、丁寶楨在濟南和成都、吳大澂在吉林、張之洞在漢陽、劉秉璋在杭州、劉銘傳在臺北，都建立類似企業。

至西元 1893 年（光緒十九年）為止，全國已有大小十九個近代軍用企業。採官辦形式，資金由清政府撥給，產品統一調撥，內部機構仍按官辦工廠舊制。

▶ 民用企業出現

軍用企業雖發展迅速，但龐大支出也使清政府財政拮据。從 1870 年代起，洋務官僚提出「求富」主張，興辦近代民用工業。他們採取「官辦」、「官督商辦」及「官商合辦」等形式，建立一批近代航運、採礦、通訊、紡織、冶煉等企業，實行軍用、民用工業並舉的方針。

西元 1872 年，李鴻章首先於上海創辦輪船招商局。1876 年，沈葆楨開採基隆煤礦。1877 年，李鴻章派唐廷樞開辦開平煤礦；1878 年於上海籌設機器織布局，1880 年於天津創辦電報總局，次年修成唐山至胥各莊鐵路。1888 年，黑龍江將軍恭鏜成立漠河礦務局，開採金礦。1890 年，湖廣總督張之洞於漢陽建立煉鐵廠。

至西元 1890 年代，這類工廠共二十餘個，資金由政府墊支與召集商股構成。且大多採用「官督商辦」形式，用人、行政、經營大權都掌握在政府手中。產品由政府分配，其餘可在市場銷售。

▶ 訓練新式海軍

訓練新式海陸軍，也是洋務運動內容之一。清政府在西元 1862 年成立天津洋槍隊，陸續推行至上海、北京、廣州等地。1874 年，清廷籌議海防，次年（光緒元年）命李鴻章等督辦南、北洋海防，訓練新式海軍。後陸續建北洋水師、南洋水師和福建水師。

其中，北洋水師實力最強，艦隻絕大部分購自列強，由北洋大臣、直隸總督李鴻章統轄。南洋水師部分戰艦由中國自造，也採購一些德國的戰艦，由南洋大臣（兩江總督兼任）統轄。福建水師由閩浙總督管轄，規模較小，多數戰艦只由閩局製成。

西元 1885 年十月，清政府又成立海軍衙門，任命醇親王奕譞為總理海軍衙門事務大臣，奕劻及李鴻章為會辦大臣，採購一批外國軍艦。

1887 年以後，海軍經費轉被慈禧挪用他途，海防建設遂暫緩。

▶ 派使節駐外

西元 1875 年，清政府任命郭嵩燾為駐英公使，兼駐法國，是為中國派員駐外之始。同年，又任命陳蘭彬、容閎分別為駐美正、副使，次年派何如璋出使日本。1878 年，派崇厚出使俄國，同年命劉錫鴻出使德國。至 1894 年，清政府先後向十二個國家派出使節。

繼 1862 年北京同文館開辦後，1863 年李鴻章又在上海設立廣方言館。次年，兩廣總督毛鴻賓設立廣州同文館，以培養翻譯、外交人才。

▶ 創辦軍事技術學堂

清政府還創辦培養軍事、技術人才的學堂，主要有 1866 年左宗棠在福州船政局附設的馬尾船政學堂；1867 年李鴻章在江南製造局附設的上海機器學堂，以及天津電報學堂、天津水師學堂、上海電報學堂、天津武備學堂、廣東水陸師學堂、南京水師學堂、湖北礦業學堂、天津軍醫學堂等。

這些學堂都開設外語、自然科學及專業技術課程，聘請部分外籍教師授課。在教學內容、方法及制度方面，與傳統學塾有很大不同，成為近代教育的啟蒙力量。1872～1875年，清政府先後派出一百二十名幼童赴美留學，但1881年又以「沾染外洋習氣」為由被迫全數歸國。

西元1876年，南洋大臣沈葆楨從馬尾船政學堂學員中，選派三十名學生分赴法國和英國，學習造船和駕駛，開近代中國留學之先聲。洋務派也重視介紹西方科技知識，在北京、上海、廣州等地設有翻譯機構，主要有江南製造局翻譯館、北京同文館譯書處，聘請中外學者合譯西書，轉譯大量天文、數學、物理、化學、地理等自然科學著作，及兵學、礦學、醫學、傳播、駕駛、冶煉等專書。李善蘭、徐壽、華衡芳及外國傳教士偉烈亞力、傅蘭雅、林樂知等人對翻譯西方著作貢獻尤多。

洋務運動使中國國內出現最早一批近代軍用及民用企業，建成第一支近代海軍，創辦新式學堂並派出留學生，引進西方經濟技術和科技知識。對當時守舊的社會風氣產生衝擊，為近代資本主義的發展提供技術和人才條件。

然而，洋務運動倡議者及主理人大多為朝官，以「中學為體，西學為用」為宗旨，將改革局限於經濟、軍事等領域，對於政體沒有相應變革，致使專制政體及其意識形態、

抑制西方思想的傳播。先進技術也因受制度及習氣的侵染，而未能有長期成效。洋務運動的矛盾和缺陷也限制改革的活力，雖耗費大量經費、時間，卻並未達到「富國強兵」的目的。中日甲午戰爭的慘敗，也昭示洋務運動的失敗。

小知識 ── 曾國藩

曾國藩是湖南湘鄉人。西元 1838 年中進士，1839 年任侍郎。

曾國藩崇尚程朱理學。西元 1853 年，咸豐帝任命他為幫辦團練大臣，於湖南督辦地方軍團練。他自組民軍，兵勇及其將領都為湖南人，因此被稱為「湘軍」。

湘軍以地域、血緣關係維繫內部統一；以程朱理學作為統一思想；以能得官爵鼓舞士氣；將領大多數選自「宿儒」、「生員」等知識份子。

江南大營潰散後，清政府升任曾國藩為兩江總督，掌理浙、蘇、皖、贛四省軍務。曾國藩提倡「捕人要多，殺人要快」。他推行洋務運動，建立新式軍火工業，製造武器，使湘軍具備槍砲武裝。西元 1864 年，太平天國運動失敗，曾國藩為首的湘系成為最強地方勢力。1870 年，曾國藩在直隸總督任內查辦天津教案，殺傷人民，激起公憤。事件結束不久後病死。

═ 北洋軍閥的統治 ═

　　軍閥的起源可追溯至湘淮軍閥。西元 1885 年（光緒十一年），李鴻章於天津開辦北洋講武堂，為後來的北洋軍閥立基。清政府自鎮壓太平天國運動以降後，十分依賴湘軍、淮軍。可在 1894 年的甲午戰爭中兩軍全面崩潰。李鴻章新建的北洋海軍也全軍覆沒。

　　為了支撐危局，清政府於 1894 年冬任命淮系官僚胡燏棻，到天津附近訓練新式陸軍。1895 年，清政府又任命袁世凱為新建陸軍督辦，接統新陸軍，歸兼北洋大臣的直隸總督管轄。北洋軍自此成立。

　　北洋軍按照德國的訓練制度加以操練，與舊式軍隊有所不同，故稱編練新軍。北洋軍閥即隨著北洋軍的建立和發展而產生。

▶ 北洋軍閥集團的成立

　　袁世凱為了控制北洋軍，便集結黨羽、暗自結盟。其中主力為號稱「北洋三傑」的王士珍、馮國璋和段祺瑞，此外還有曹錕、張勳等人，構成後來北洋軍閥的主力，成為北洋軍閥各派系首領。

　　西元 1898 年，袁世凱出賣維新派密謀，得到慈禧太后和直隸總督榮祿的信任。袁世凱及北洋軍於晚清政治舞臺上展

露頭角。1899 年 12 月，清政府派袁世凱率北洋軍到山東鎮壓義和團，從而得到賞識。1901 年，袁世凱繼李鴻章之後，擔任直隸總督兼北洋大臣。

西元 1903 年，清政府開始改革軍制，成立練兵處。袁世凱受任會辦大臣，又負責編練新軍。他利用職權，竭力擴充勢力，將新軍改名為「北洋常備軍」。1905 年，北洋六鎮建成，兵額達六到八萬人之多，其中五鎮都由袁世凱統制。幾年內，北洋軍勢力由直隸擴展到山東、河南、江蘇及東三省等地。隨著北洋軍勢力擴充，袁世凱及其親信逐漸形成能左右朝政的政治集團 —— 北洋軍閥。

▶ 直、皖、奉三系

西元 1911 年武昌起義後，袁世凱依靠北洋軍力量，迫使清廷交出實權，另一方面又迫使革命黨員妥協。1912 年，他利用自己的地位和實力，對抗以孫中山為首的革命勢力，奪取中華民國臨時大總統的職位，從此建立北洋軍閥對中國長達 17 年之久的統治。

1913 年，袁世凱又用武力鎮壓「二次革命」，鞏固專制獨裁政體，並藉權益交換獲得列強支持，成為列強瓜分中國的媒介。

1916 年袁世凱死後，北洋軍閥的內部矛盾顯露，在列強的籠絡和爭奪下，分為直、皖、奉三系。

　　直系首領是馮國璋（直隸河間人），曹錕和吳佩孚前後繼任首領。主要依靠英、美，盤踞在長江中下游，即江蘇、江西、河南、湖北等地區。

　　皖系首領是段祺瑞（安徽省合肥市人），段祺瑞和直系首領以前都是袁世凱的將領。袁世凱死後，直、皖兩系權力鬥爭愈加凶狠。後來皖系投靠日本，主要盤踞在安徽、湖南、浙江、福建等省。

　　奉系首領是張作霖（奉天海城人）。張作霖不屬北洋軍，但與北洋軍閥有淵源，一般都將他列為北洋軍閥其中一派。奉系軍閥後來投靠日本，主要盤踞在東北地區。

　　此後，各系軍閥爭權奪利，連年混戰。先是皖系軍閥在日本支持，控制北京政權。1920 年發生直皖戰爭，直系聯合奉系，打敗皖系，以直系為主、奉系為輔把持北京政權。1922 年又發生第一次直奉戰爭，直系將奉系打敗，轉為直系獨占北京政權。奉系軍閥則撤出關外，退守東北。1924 年，第二次直奉戰爭爆發，直系軍閥敗戰，改由奉系軍閥控制北京。1926 年北伐戰爭開始。次年，北伐軍消滅占據長江流域和黃河流域的直系軍閥。

　　東南清黨後，蔣中正建立國民黨軍閥的政權。1928 年，奉系軍閥退據東北，是年冬，與國民黨合作。從此以後，北洋軍閥力量併入國民黨。

 **中國篇**

世界篇

史前時期

═ 人類起源的神話 ═

對於人類起源追溯，各國神話各有差異。

埃及神話認為，人類是神呼喚而出。遠古時代，埃及文明尚未出現前，全能的太陽神「拉」就已存在。祂創造了天地的一切。他呼喚「舒」，就有了風；呼喚「泰芙努特」，就有了雨；呼喚「哈匹」，尼羅河就流過埃及。祂一次次呼喚，萬物隨之出現，最後，祂道出「男人和女人」，轉眼間，埃及就出現許多人類。造物任務完成後，「努」就將自己化為男人，成為第一位法老王，統治尼羅河流域。

日耳曼神話認為，人類是由天神奧丁創造的。傳說有一天，奧丁和其他的神在海邊散步，看到沙洲上長了兩棵樹，其中一棵挺拔雄偉，另一棵清瘦華美，於是下令將兩棵樹砍下，分別造成男人和女人。奧丁賦予他們生命，其他的神分別賦予了他們理智、語言、血液、膚色等，成為日耳曼人的祖先。

中國神話則流傳女媧造人的傳說。東漢應邵的《風俗通》載：「……女媧摶黃土做人，劇務，力不暇供，乃引繩於泥中，舉以為人。故富貴者黃土人也，貧賤凡庸者泥人也。」

《聖經》裡則流傳上帝造人的故事。上帝花了五天時間創造了大地萬物，到第六天，他用地上的塵土造人，將生氣吹進人的鼻孔後，就成為一名男人，取名亞當。從亞當的身體取出一條肋骨，又造了一個女人名叫夏娃。

═ 亞當和夏娃 ═

在《聖經·舊約全書·創世紀》開篇記載，上帝耶和華在七天內創造天地萬物：第一日造光，分明暗；第二日造天，定晨昏；第三日造地，分水陸、造植物；第四日造日月星辰，司晝夜；第五日造飛禽和水生動物；第六日，造人類和陸生動物；第七日，天地萬物即出現了，耶和華休息，為安息日，定為聖日。

上帝創造世間萬物後，又用泥土照自己的形象捏一個泥人，並取名叫亞當。上帝將亞當安置在伊甸園中，並對亞當說：「園中各樣樹上的果子你可以隨意吃，只是善惡樹上的果子你不可吃，因為你吃了必死無疑。」

上帝又用土創造走獸、飛禽，亞當 —— 給他們取名。但是，亞當還是感到孤獨。

於是，上帝趁他沉睡時取下亞當的一條肋骨，造成一個女人，讓她成為亞當的妻子。從此以後，亞當不再感到孤單，亞當還給女人起名夏娃。當時夫妻二人赤身裸體，但並不覺得羞恥。

上帝所造的動物中，有一條蛇比其他動物都狡猾，有一天，蛇對夏娃說：「上帝真的說不許你們吃園中所有果子嗎？」夏娃對蛇說：「園中樹上的果子，我們都可以吃；唯有園正中樹上的果子不能吃。上帝曾說過，吃了那顆果子必死

無疑。」蛇對夏娃說：「你們不一定會死。因為上帝知道，你們吃了果子後，便如神能分辨善惡。」

於是，夏娃聽信蛇言，摘善惡樹上的果子吃，又摘下一個送給亞當。霎時，他們二人有了善惡道德觀念，發現自己是赤身裸體、感到羞恥，便拿無花果之樹葉編作裙子。上帝知道問明情況後，詛咒引誘夏娃的蛇必用肚子行走，終生吃土。上帝又將亞當和夏娃趕出伊甸園，亞當和夏娃只能在大地上辛勤勞作，繁衍後代，成為人類始祖。

原始社會

═ 舊石器時代 ════════════

舊石器時代大約由西元 270 萬年前至 150 萬年前，極其漫長。

舊石器時代分為早、中、晚三個階段。

舊石器時代早期的石器製造方法十分簡單，作工粗糙，形狀簡陋。作為原始人類賴以維生的工具。

舊石器時代中期，石器的製作技術進步，人類發明利用石砧打製石器的方法，製作尖狀利器和刮削器，還出現用於遠距離攻擊的投矛器、投石器。隨著生產技術的發展，以及狩獵的需要，人類又發明弓箭。弓箭是一種遠程武器，後來北美印第安人使用的重弓射程竟可達四五百公尺遠。弓箭的發明，也促進漁獵的發展，使人類能獲取肉類。

舊石器時代晚期，人類持續使用石器，還發明壓製法，使石器更加美觀、適用。這一時期，骨器和角器廣泛流行，有的器具上還裝有木柄，具有複合式功能。

═ 新石器時代 ════════════

新石器時代是石器時代的最後階段，以磨製石器為主，大約從西元前10000年開始，結束時間距今5,000多年至2,000多年左右。

新石器時代，人類開始從事農業和畜牧，播種植物種

子，並將野生動物馴服以供食用和豢養。人類不再依賴採集、漁獵，因此食物來源變得更加穩定。

　　同時，農業、畜牧業的經營，也使人類由逐水草而居轉為定居，節省更多的時間和精力。人類生活品質改善，開始關注文化層面的發展。

小知識 ── 新石器時代的分期

　　由於各地新石器時代發展不一，沒有統一分期標準。有些地方分早晚兩期，有分早中晚三期。有的在晚期煉製少量銅器，但還不會刻意製造青銅器時，有些單獨列出銅石並用的時代，作為從新石器到青銅器時代的過渡期；有的則將此階段歸入新石器時代晚期。

古代文明

= 古埃及文明

　　尼羅河的氾濫帶來繁榮文明的原動力，卻也促成奴隸制國家的形成。尼羅河水氾濫時，人們要疏洪、排水；乾旱少雨季節，人們又得引水灌溉。龐大工程和繁重勞役，絕非一人一戶所能勝任。因此，埃及出現聯盟、部落的時間較早。若干氏族聯合為部落，若干部落又以地域關係集結成聯盟。於是，沿尼羅河一帶就出現了「州」的階級，各州都有各自的方言、圖騰、軍隊和行政機構，實際是獨立的小王國。為爭奪土地、水源和奴隸，這些小國之間經常交戰。透過戰爭兼併，在西元前 3500 年逐漸形成兩個奴隸制大國：北部稱為下埃及王國，南部稱為上埃及王國。

　　大約在西元前 3000 年，上埃及國王美尼斯征服下埃及。從此，埃及建立統一國家，美尼斯也被認為是埃及歷史上，第一個王朝的首位法老（古埃及人尊稱國王為「法老」）。從那以後，直到西元前 332 年亞歷山大征服埃及地區，整個古埃及約有 31 個王朝。

➤ 神祕的金字塔

　　金字塔是一種高大的角錐體建築物，底座呈正方形，每個側面都呈三角形。每層面積遞減，就似一座塔，看上去很像漢字中的「金」字，因此稱做「金字塔」。

金字塔是古代世界七大奇蹟之首。它是古代埃及法老為自己建造的陵墓。在古埃及早期，法老王權並不強大。因此，他們的墳墓和貴族一樣，都是「馬斯塔巴」（阿拉伯語，原意是「凳子」），一種形似長方形石凳的墳墓。到第三王朝的第二個法老「左塞爾」（Zoser）在位時，法老王權加強。他認為，馬斯塔巴無法體現法老尊位。於是請印和闐（Imhotep）為自己修建王陵。第一座金字塔於焉誕生。全高61 公尺，周圍建有高大的祭祀殿堂和圍牆。這座金字塔位於今日埃及開羅以南的「薩卡拉」。

此後，大約在第三王朝至第六王朝期間（西元前 2686 年至前 2181 年），統治者們競相為建造金字塔，以顯至高王權，使金字塔數量達到鼎盛，有「金字塔時代」之稱。

▶ 木乃伊

古埃及人相信，人死後靈魂不滅，但必須保有完整軀體。因此，為防止屍體被野獸、強盜所壞，法老們將陵墓規模建造的愈加龐大。為使軀體不毀壞，法老屍體都被做成「木乃伊」。這些「木乃伊」至今仍完好無損。

▶ 人面獅身像

人面獅身像是第四王朝國王卡夫拉（Khafra）金字塔建築群的特色，坐落在卡夫拉金字塔東側。斯芬克斯（Sphinx）是

神話生物，具有人面獅身。它是為了守護金字塔而建。因古埃及對太陽神的信仰，因此人面獅身像面朝太陽升起之處。

斯芬克斯高約 20 公尺，長 57 公尺。如果加上前爪在內，共有 73.5 公尺長。與金字塔不同，是直接鑿刻石灰岩小山而成。千百年來，守護著陵墓的它們具有強大的神祕色彩。

愛琴文明

▶ 邁錫尼文明

邁錫尼是希臘半島南部的城市。西元前 2000 年左右，邁錫尼人從巴爾幹半島遷移到希臘，在小山坡上形成聚落，使用古希臘語。西元前 1650 年，聚落發展為城堡。邁錫尼文明發展逐漸興盛。

邁錫尼的文明特點是墓地文化。邁錫尼人在建造城市前，都將領主埋在「蜂窩形墓」裡面。這些墓以大石塊建成，有大圓頂。富有的邁錫尼人非常喜歡黃金，他們製造金杯、金面具、金花、金首飾等飾品。

西元前 1450 年左右，邁錫尼人進攻屬於米諾斯文明的克里特市，並將愛琴海周邊國家占為殖民地。在整個地中海地區進行貿易，強盛一時。西元前 1200 年，多利安人（Dorians）南侵，許多邁錫尼人逃往其他國家。

▶ 特洛伊戰爭

《荷馬史詩》中記載特洛伊戰爭的經過：希臘第一美人海倫隨特洛伊王子逃跑後，邁錫尼王阿加曼農（Agamemnon）組建希臘聯軍，決定遠征特洛伊。共集結戰艦 1,000 艘，士兵 10 萬名，浩浩蕩蕩向特洛伊城進發，並圍困特洛伊城長達九年。於九年之中，雙方互有勝負。至第十年，阿加曼農採納奧德修斯（Odysseus）提出的「木馬計」，攻陷特洛伊，搶回海倫，班師凱旋回國。

▶ 木馬計

「木馬計」是特洛伊戰爭中最著名的戰例。西元前 1183 年，希臘聯軍圍攻特洛伊城。因久攻不下，聯軍統帥阿加曼農聽取奧德修斯的建議，使用木馬計。希臘人首先製造了一個巨大木馬，並在其中載滿士兵。希臘聯軍佯裝撤退並駛離海岸，城外只留下事先放置好的木馬。特洛伊人以為希臘人撤退，看見木馬後便將其作為戰利品拖進城裡。在特洛伊人慶祝勝利時，藏在木馬中的士兵悄悄走出木馬，打開城門。裡應外合的情況下，特洛伊城被即被攻陷。

小知識 —— 愛琴藝術

愛琴藝術與其他史前時期藝術風格有所差異，它借鑑其他同時代的藝術並融合，尤其是在愛琴文明後期，建立鮮明而獨創的特點，即現實主義風格。愛琴文明屬於希臘藝術的先行者。克里特的壁畫藝術、陶器、浮雕、雕塑及金屬浮雕工藝等，都是輝煌實例。

═ 古希臘文明 ═

▶ 古巴比倫的足跡

世界最早的文明，也是人類文明的發源地之 —— 兩河流域，古希臘人稱這一地區為「美索不達米亞」，意思是兩河之間的地方。它發源於底格里斯河和幼發拉底河之間的流域 —— 蘇美地區。美索不達亞平原是古巴比倫文明所在，在今伊拉克境內。

西元前 4000 年至西元前 2250 年，是兩河文明的鼎盛時期，兩河沿岸因河水氾濫而沖積成肥沃平原。西元前 3000 年左右，兩河流域境內形成多個「城邦」。

為爭奪土地、水源，各城邦之間不斷交戰，在征戰中逐漸統一。當時，居住在兩河流域北部的游牧部落 —— 閃族人建立了阿卡德王國，並逐漸強盛。阿卡德征服蘇美各城邦，

在西元前 2300 年左右首次統一兩河流域，建立古巴比倫王國。到了西元前 18 世紀，漢摩拉比統治時，古巴比倫國力達到鼎盛。

漢摩拉比死後，古巴比倫王國逐漸衰弱。西元前 1595 年，北方的西臺人入侵，古巴比倫王國即走向衰亡。

▶ 荷馬和《荷馬史詩》

西元前 9 世紀中期，一位名叫荷馬的盲人，將人們口述、傳頌故事彙集編成兩部史詩。背著七弦琴漂遊四方，以吟唱史詩換取食宿。史詩講述許多希臘光輝燦爛的歷史、神話和傳說。後來，人們以文字記錄史詩，並以作者命名，稱為《荷馬史詩》。

《荷馬史詩》共分為兩部分，分別為《伊利亞特》和《奧德賽》。《伊利亞特》講述特洛伊戰爭末年的事蹟；《奧德賽》則敘寫英雄奧德修斯在特洛伊戰爭後渡海回國的經歷。

▶ 希臘神話

希臘神話包括神祇故事、英雄傳說兩大領域。神祇故事涉及宇宙、人類起源、神的誕生及其譜系等。相傳古希臘有奧林帕斯十二大神：眾神之主宙斯、天后赫拉、海王波塞頓、智慧女神雅典娜、射術神及光明神阿波羅、狩獵女神與

月神阿提米絲、愛與美之神阿芙蘿黛蒂、戰神阿瑞斯、火神與工匠神赫淮斯托斯、神使荷米斯、大地之神狄蜜特、灶神荷絲提亞。

英雄傳說起源於對祖先的崇拜，它是古希臘人對遠古歷史的藝術性描寫。傳說中的主人公大都是神與人的後代──半神半人的英雄。他們天生神力、英勇過人，體現人類的豪邁氣概和頑強意志，成為古代人民力量和智慧的化身。最著名的傳說有海克力士的十二件大功、伊阿宋取金羊毛等。

希臘神話中的神具有人性，既有人的體態美，也有七情六欲，具有喜怒哀樂的情緒，參與人的活動。差別在於神是永生不死的，人則終將衰亡。

希臘神話中的神個性鮮明，成為希臘文學的土壤，對後來的歐洲文學產生深遠的影響。

▶ 古希臘奧林匹克運動會

有關古代奧運會的起源有多種說法，主要有以下三種：

第一種說法認為，古代奧林匹克運動會，是為祭祀宙斯而定期舉行的體育競技活動。

另一種傳說認為，宙斯的兒子海力克士因力大無窮，獲「大力神」的美稱。他在伊利斯城邦完成非凡人能及的任務，不到半天便掃淨堆滿牛糞的牛棚。但國王不想履行贈送

三百頭牛的承諾，海克力士 —— 氣之下趕走國王。他在奧林匹克舉辦運動會，以慶祝占領伊利斯城。

　　第三種也是流傳最廣的說法。古希臘伊利斯國王，為給女兒挑選文武雙全駙馬，提出應選者必須和自己比賽戰車。比賽中，先後有十三個青年喪生於國王的長矛之下，而第十四個青年正是宙斯的孫子和公主的心上人珀羅普斯。他勇敢地接受國王的挑戰，以智取勝。為慶賀勝利，珀羅普斯與公主在奧林匹克的宙斯廟前，舉行盛大的婚禮。會上安排戰車、角鬥等比賽。成為首場古奧運會，珀羅普斯也成為傳說中古奧運會的創辦者。

　　實際上，奧運會的起源與古希臘的社會結構，有著密切關係。西元前 9 至前 8 世紀，希臘部落社會逐步瓦解，城邦制的社會結構形成，建立約兩百多個城邦。城邦各自為政，無統一君主，城邦之間征戰不斷。為應付戰爭，各城邦都積極訓練士兵。斯巴達城邦兒童從七歲起由國家撫養，並從事體育、軍事訓練，過著軍訓般的生活。戰爭需要身強體壯的士兵，而體育是增強軍士體力的有力手段。戰爭反倒促進希臘體育運動的開展。連年不斷的戰事使人民感到倦怠，渴望獲得和平。後來斯巴達國王和伊利斯國王簽訂「神聖休戰月」條約。於是，原先為準備兵源的體育競技，逐漸轉為和平與友誼象徵的運動會。

＝古印度文明

恆河是印度文明的搖籃，印度人民尊稱它為「聖河」和「印度之母」。在印度神話中，恆河原為一位女神，名叫希馬華特。印度教徒視恆河為聖河，認為以恆河聖水沐浴可以淨罪。恆河流域也孕育出印度古文明。

約西元前 2500 年，由印度原住民達羅毗荼人建立政權。西元前 2000 年中葉，屬於印歐語系的游牧民族（即亞利安人）從中亞高原南下，征服印度河、恆河流域。

大約在西元前 1000 年左右，亞利安人的部落開始集結走向國家政體。西元前 6 世紀，印度的恆河流域、印度河流域和印度南部有二十多個小國，成為印度歷史上的「十六國時代」，又稱列國時代。

到了西元前 6 世紀初，相傳在印度擁有十六個國家。經過長時期的兼併戰爭，到西元前 4 世紀，在南部恆河流域建立以摩揭陀為中心的統一國家。同時，印度西北部的印度河流域遭到波斯帝國入侵。

小知識 —— 佛教的創始人釋迦牟尼

釋迦牟尼，原名喬達摩·悉達多，印度佛教的創始者。他的母親摩耶王后年近五十歲時才懷孕。按照印度

風俗，她須回娘家分娩。結果途經藍毗尼時，在樹下乘涼時便生下喬達摩‧悉達多。

喬達摩‧悉達多出生七天之後，母親不幸去世，父親淨飯王就將釋迦牟尼交給摩耶王后的妹妹波提王妃撫養。王妃對他悉心照料，給予無微不至的關懷。16歲時，他和拘利城公主耶輪陀羅結婚，後來生子羅睺羅。29歲時，他放棄了王宮的安逸生活，棄家外出尋道。

最初，釋迦牟尼向一些著名的婆羅門學者求教，後來依照他們的說法，成為一名苦行僧，進行了長達六年的艱苦修行。由於過分勞累和營養不良，甚至暈倒在地。醒來後，他意識到苦修並不能帶來任何成效。他慢慢走進尼連禪河，用河水將身上多年的積垢洗淨。又吃牧女善生送給他的乳粥。等到體力恢復後，他離開尼連禪河，準備前往婆羅捺斯。在行進的路上，釋迦牟尼來到了一個叫做伽耶的地方，看到一棵菩提樹。於是，他便在樹下打坐冥想，並發誓「不獲佛道，不起此座」。經過四十九天的冥思苦想，他終於大徹大悟，創立佛教。

列國的崛起

羅馬共和國的建立

羅馬建城後，各氏族部落處於分散狀態，每個部落都有首領。後來結成部落聯盟，於是部落聯盟的首領就轉變成「王」。從西元前 753 年至西元前 510 年，在羅馬歷史上稱作「王政時代」，先後有七個「王」統治羅馬。

這段時期是羅馬從部落聯盟制向階級社會過渡的階段。那時的「王」並不像後來的專制君主，擁有至高王權。屬於人民推選的政體共主。

隨著土地私有制的發展，羅馬社會的階級分化也日趨明顯。大約在西元前 510 年，羅馬人推翻「王政時代」最後一個殘暴的「王」—— 盧修斯·塔克文·蘇佩布（Lucius Tarquinius Superbus），推翻「王政」制度，建立羅馬共和國。廢除王政後，執掌國家政權的是兩名執法官。他們擁有最高統治權、軍事權與行政權。

猶太王國的建立

猶太人的祖先 —— 希伯來人是西亞塞姆人的分支，他們最初定居兩河流域下游的烏爾地區。希伯來人在和迦南人爭奪巴勒斯坦失敗後，為了生存，於西元前 1700 年左右，族長以色列帶領所有的希伯來人離開巴勒斯坦，歷經千難萬險，來到埃及，定居在尼羅河三角洲東部的草原上。

希伯來人後來於埃及定居生活幾百年。大約在西元前1300年左右，埃及法老拉美西斯二世要建造兩座巨大的宮殿。於是，希伯來人便成為建造宮殿的奴隸。他們每天都要開山挖石，受到剝削和壓迫。

幾十年後，拉美西斯二世逝世，埃及受到其他民族和海盜的侵襲。希伯來人趁機在摩西的帶領下，逃出埃及。在經過西奈半島時，摩西發現族人對命運開始失去信心。於是，他爬上山頂，在那裡生活四十多天。下山後，摩西說，他見到了耶和華（希伯來人信奉的真神），並得到聖諭。後來，摩西作為耶和華的先知，成了猶太教的創教者。

逃出埃及後，摩西告訴族人，只有回到迦南才是唯一的出路。但是，飽受磨難的希伯來人已經沒有勇氣進行戰鬥，摩西只好帶領他們四處流浪。四十多年後，摩西逝世，改由約書亞帶領新一代的希伯來人，經過許多次戰鬥，終於征服迦南地區並於此定居。但後來希伯來族內都處於分裂狀態，缺乏領袖，又遭到海上漂泊而來的非力士人侵略，甚至連希伯來人的聖物「金約櫃」也遭非力士人奪走。

直到西元前1000年，南方的猶太部落首領大衛合併北方的以色列地區，建成統一王國，同時打敗了非力士人，奪回「金約櫃」，並將他們逐出巴勒斯坦。大衛隨即又攻下迦南人的領地中，稱為耶路撒冷的城市，並改為猶太族的首都，修建宮殿和神殿。

小知識 ── 波斯帝國

西元前 6 世紀初，波斯人還處於米底王國的統治下。到西元前 553 年，出身於阿契美尼德王朝（Achaemenid Empire）的居魯士二世，率領波斯人推翻米底人政權。隨後，居魯士先後征服了腓尼基、巴勒斯坦，從東、西、北對新巴比倫王朝形成了三面包圍之勢。

西元前 539 年，波斯人侵兩河流域。由於當時新巴比倫的貴族和商人、祭司之間有嚴重矛盾，遂將波斯軍隊引入巴比倫城內，新巴比倫王國滅亡。居魯士大帝最終建立波斯帝國。

馬拉松戰役

希臘波斯戰爭中，雅典外部的馬拉松平原上，進行決定性戰役，即為馬拉松戰役。西元前 490 年，波斯大軍橫渡愛琴海，在雅典郊外的馬拉松平原登陸。處境險惡的雅典加強戒備，並派人到斯巴達城邦求援。但斯巴達人卻拒絕出兵。雅典人聽聞斯巴達人不願出兵後，立即組織全體公民，甚至奴隸也被編入軍隊，趕往馬拉松平原。

當時的雅典軍隊有 10,000 人，加上 1,000 多名援軍，總共僅有萬餘人。而波斯軍隊有 10 萬人且裝備精良。在敵強我

弱的情況下，將領米太亞德決定不與敵人正面對決，而選擇將戰線拉長，將精銳步兵安排在兩側，正面戰線上的兵力顯得較為薄弱。

希臘軍隊在波斯軍隊進逼下且戰且退。千鈞一髮之際，埋伏在兩側的士兵以迅雷不及掩耳之勢衝出，由兩側夾擊波斯軍。波斯軍隊因追擊希臘人，導致隊伍拉得過長，陷入希臘軍隊的包圍，首尾無法相顧，慌忙逃向海邊，藉船撤退。希臘軍隊則追擊逃兵至海邊，和波斯軍展開奪取軍艦的戰鬥，最終取得勝利。

在這場戰役中，波斯人損失 6,400 名士兵和 7 艘戰船，雅典人犧牲 192 人。其中有執政官卡利馬庫斯和幾位將軍。當天晚上，斯巴達派來的 2,000 名先鋒戰士趕到時，只見月光下屍橫遍野。

米太亞德為將捷報傳回雅典城，他讓長跑能手菲迪皮德斯（Pheilippides）報捷。當時他已受了傷，但仍拼命奔跑，當跑到雅典城的中央廣場時，已上氣不接下氣，他激動地喊道：「歡慶吧，雅典人，我們勝利啦！」喊聲剛落，他便一頭栽倒，再也沒有醒來。

為紀念戰役的勝利，和表彰英雄菲迪皮德斯的功績。1896 年，第一屆奧林匹克運動會上設立新競賽項目 —— 馬拉松賽跑，距離是馬拉松平原至雅典的距離，於 1908 年時根

據當年菲迪皮德斯經過的路線確定為全程 42 公里。1921 年，經過仔細測定，又將距離改定為 42.195 公里。

═ 馬其頓的興起 ═

　　馬其頓位於希臘的北部，由上、下馬其頓兩地區組成。上馬其頓是高原山區，僅幾個關隘與外界相通。下馬其頓土地肥沃，適合發展農業，是馬其頓的政治、經濟、文化中心。

　　馬其頓王國的民族組成複雜。在早期，一批使用希臘語的部落遷至馬其頓，後來逐步分批南下，但有一部分人仍留在北希臘。大約在西元前 7 世紀，其中一支馬其頓人占領埃及，擴張到下馬其頓的沿海平原，形成馬其頓王國。他們崇拜希臘神祇，特別崇拜宙斯和海克力士。其他使用希臘語的部落，則在上馬其頓與伊利亞人、派奧尼亞人、色雷斯人混合。從整體上看，馬其頓人與希臘人有著一定的淵源。

　　西元前 5 世紀中期，尚處於原始部落社會的馬其頓在伯羅奔尼撒戰爭後，變成了商業和奴隸制國家。在阿克勞斯當政期間，他大力發展改革，文武兼修：一方面改革軍事，開闢道路，興建城鎮，發展教育，提倡希臘學術文化；另一方面向沿海推進，在沿海建立新首都伯拉，此時的馬其頓已經頗具規模，國勢日益增強。

進入西元前 4 世紀後，馬其頓一躍而成為希臘北部的強國。馬其頓國王把希臘文明引入宮廷，與希臘城邦進行貿易。經濟發展使馬其頓的村莊變成村鎮，佩拉成為馬其頓最大的城市和王國的首都。

斯巴達克起義

斯巴達克是巴爾幹半島東北部的色雷斯人，在抗擊羅馬侵略的激烈戰鬥中，遭羅馬人俘虜，賣為奴隸。他曾多次掙脫鐵鐐逃跑，但都被追捕。最後被送進卡普亞城一所角鬥士學校。

在角鬥士學校裡，斯巴達克過著或與野獸相拼，或者自相殘殺的生活。隨時都有可能喪生。

西元前 73 年的一個深夜，斯巴達克率領 78 名角鬥士，衝出卡普亞角鬥士學校，直奔維蘇威山紮營。不斷下山襲擊地主莊園，奪取資源，同時積極備戰。許多奴隸和部分破產農民紛紛聞訊而來，民軍很快便發展到萬人規模，並開始向附近地區發動進攻。

羅馬政府派出部隊圍剿，都被斯巴達克殲滅。但斯巴達克深知長期於義大利境內抗戰極為困難。決定把隊伍帶出義大利，擺脫羅馬的奴役，途中遭遇羅馬政府的圍追堵截。

斯巴達克轉戰整個義大利，此時隊伍已發展到 12 萬人的

規模。西元前 72 年，羅馬政府授命克拉蘇主戰。他將斯巴達軍封鎖在義大利半島南端。斯巴達克突破封鎖線，轉進義大利東部港口布林迪西。但羅馬援軍率先在港口登陸，斯巴達克陷入被前後夾擊的窘境。

西元前 71 年春，斯巴達克軍與羅馬軍在布魯提港附近的阿普里亞交戰。最終，斯巴達克與六萬將士犧牲，革命失敗。

斯巴達克革命雖然失敗，但打擊羅馬的統治階級，促進羅馬社會的變革。

凱撒大帝

蓋烏斯·尤利烏斯·凱撒（Gaius·Iulius·Caesar）（約西元前 100 年至前 44 年）。他出身羅馬的名門貴族，受到良好教育。年輕時的凱撒即有放眼天下的野心，當時羅馬總督貪污腐敗，凱撒挺身而出，揭露醜態並提出控告。凱撒為此贏得極高聲譽。從政後，凱撒出任一年西班牙地區總督。後來成功與龐貝、克蘇拉結為同盟。按照協議，西元前 59 年，凱撒出任羅馬執政官。

凱撒上任後，批准龐貝在東方推行的政策，並實施土地法，分配土地給龐貝軍的老兵和子女。另外，凱撒還減免亞洲地區 1/3 的稅金，籠絡以克蘇拉為代表的商隊。但凱撒也

很清楚，必須建立軍事權勢。於是，凱撒將尚未被完全征服的高盧地區，視為他掌握兵權和登上更高權位的最好跳板。

西元前 58 年，凱撒經過三年時間的征戰，征服大半個高盧。西元前 55 年，他率軍渡過萊茵河，侵入日耳曼（今德國地區）。之後，他還曾兩次渡過英吉利海峽，入侵不列顛地區。凱撒取得更高的威望，使得龐貝和克蘇拉坐立不安。任敘利亞總督的克蘇拉，迫切地需要建立戰功，但與英勇善戰的亞利安人時交戰時被殺。後來，凱撒又打敗反對自己的龐貝，成為真正集軍事、行政、司法、宗教大權於一身的獨裁者。

凱撒的獨裁統治，使得一部分固守羅馬共和傳統的元老派貴族，感到不滿和仇視，他們祕密串聯起來，決定謀殺凱撒。西元前 44 年 3 月 15 日，凱撒隻身一人到元老院開會。雖然有人已事先警告過凱撒，但他仍然沒有帶上親衛。當他從容地坐在王位上時，刺客假裝有求於凱撒，上前抓住他的紫袍，拿出匕首向凱撒刺去。合謀者一擁而上，凱撒被刺身亡。

凱撒是著名的政治家和軍事統帥，同時還是文學創作者。他留下的《高盧戰記》和《內戰記》，詳細記述他征戰四方的經歷。這兩部書不僅是具有重要價值的史料，也是拉丁文初學者的入門書。

屋大維開創元首制

西方有句諺語:「羅馬不是一日造成的。」事實的確如此。歷史上被稱為「永恆之城」的羅馬,當然不可能於一日之間建成。而要造就雄踞西方的強盛羅馬帝國,更非一朝一夕之功。羅馬從義大利中部台伯河畔的彈丸之地,最後發展成為跨歐、亞、非三大洲的世界帝國。綜觀古代羅馬歷史的發展,可分為如下階段:

▶ 第一階段:王政時代

時間是從傳說中的羅馬建城開始,到西元前 509 年左右。這也是羅馬從部落社會向國家過渡的時期。當時的「王」實際上是部落首領,相當於中國古代的堯、舜、禹,由人民推舉的共主,並非國王。

一般認為,羅馬的王政時代共經歷七王統治,分別是羅慕路斯(西元前 715 年~前 673 年)、努馬‧龐皮里烏斯(西元前 673 年~前 642 年)、圖路斯‧荷提里烏斯(西元前 640 年~前 616 年)、安庫斯‧瑪爾提烏斯(西元前 616 年~前 579 年)、盧基烏斯‧塔奎尼烏斯‧布里斯庫斯(西元前 578 年~前 535 年)、塞爾維烏斯‧圖利烏斯(西元前 535 年~前 509 年)、盧基烏斯‧塔奎尼烏斯‧蘇培布斯,後三王都是伊特魯里亞人。

據說，羅馬王政時代的末代王的統治異常暴虐，引起人民不滿，最終被驅逐。之後，羅馬人為防止再次出現戕害人民的國王，決定從此不再推舉國王，改為每年選出兩名執政官治理國家。羅馬因此進入共和時期。

▶ 第二階段：共和時期

時間從西元前 509 年至前 30 年。羅馬內部透過平民與貴族之間的制衡，形成被史學家譽為「世界上最好的政體」的政治制度。外部則透過對伊特魯里亞人的戰爭、薩莫奈戰爭、皮洛士戰爭等，先統一除波河流域以外的義大利半島。再透過布匿克戰爭、馬其頓戰爭、敘利亞戰爭，以及對伊比利半島用兵等軍事行動，逐一征服迦太基、馬其頓、希臘半島和西班牙大部分地區。此時的敘利亞雖然尚未被兼併，但實際上已淪為羅馬的附庸地區。原先強國林立的東部地中海地區，就只剩下托勒密王朝統治下的埃及尚屬獨立。至此羅馬已逐漸形成世界帝國的規模。

羅馬大規模對外擴張，引起社會內部的劇變，尤其是造就出勢強軍閥。他們先是相互勾結、實行獨裁。接下來便為個人獨尊而傾力廝殺，結果就產生了龐貝、克拉蘇、凱撒「三巨頭」，以及龐貝與凱撒的角逐爭雄。後來有了安東尼、雷必達、屋大維的「後三巨頭」，最終為安東尼與屋大維的最後較量。羅馬共和政體逐漸衰亡。

▶ 第三階段：羅馬帝國時期

時間從西元前 30 年起，到西元 476 年，西羅馬帝國滅亡為止。屋大維戰勝安東尼，確立獨尊地位後，並不以「帝王」自居，而是聲稱恢復「共和」，他不過是共和國的「第一公民」，即「元首」。

原來的共和體制的確被保留，但僅為表面。實權完全為屋大維個人掌握。因此，所謂元首政治，僅是披著共和外衣的君主統治，屋大維已確立羅馬帝國的新政體。

屋大維是凱撒的外甥，又被凱撒收養，指定為繼承人，並決定將 3/4 的遺產傳給他。凱撒被殺時，羅馬的執政官安東尼，是凱撒的心腹大將，自命為凱撒的繼承人。當屋大維趕回羅馬時，安東尼已具備掌權的野心，自此開啟兩人的權力鬥爭。

凱撒死後，羅馬城裡原先擁護凱撒的人們、元老院的貴族，都想藉凱撒的死進一步重整勢力。屋大維充滿自信，因為他懂得如何與各派政治勢力斡旋。

屋大維首先得到凱撒舊部和平民的支持。屋大維認為，他所擁有的盾牌和武器，就是凱撒的名號。打著凱撒的大旗，全義大利的公民和士兵都願意向他聚攏。他們將屋大維視為凱撒的繼承者，是與貴族鬥爭的新領袖。後來，屋大維靠著這些人的支持，很快建立起自己的勢力。

　　屋大維對元老院「祖國之父」的西塞羅大獻殷勤，稱他為「父親」，謙遜地求知。西塞羅宣布屋大維為「保衛祖國的戰士」，支持招募軍隊。

　　西元前 43 年，當安東尼出兵在外時，屋大維率兵進入羅馬，威逼元老院任命他為執政官。元老院的人正想利用屋大維控制安東尼，於是屋大維與安東尼勢均力敵了。

　　當時雷必達握有大權，曾是凱撒的騎兵長官。羅馬西部許多省份的人都投靠他。屋大維、安東尼、雷必達三人各握部分權力，但誰也不能單獨建立獨裁政權。

　　為互相制衡，三人於西元前 43 年結成了「後三巨頭」的政治同盟，宣布共同執政。三人商定在五年內，由三人共享權力，並三分羅馬行省：安東尼占據高盧地區，屋大維控制非洲、薩丁尼亞和西西里島，雷必達則掌控西班牙地區。隨後，三人聯合向羅馬進軍，迫使公民大會接受三人共同執政。

　　「後三巨頭」大權在握後，便對羅馬實行恐怖統治，對貴族實行公敵宣告（在公敵的名單上有殺害凱撒的凶手，也有三巨頭的私人仇敵，其中第一名是西塞羅）。並大肆捕殺貴族，將沒收的財產、土地分給士兵，並獎勵政敵的家奴告發上位者。在政治恐怖氛圍中，有 300 位元老院貴族，2,000 名騎士遭處決。其中最先喪命的即西塞羅。堅定的共和派擁

護者，同時是羅馬最出色的雄辯家，一生傾其全力擁護共和制，最終成了共和制的犧牲者。

由於西塞羅與安東尼結怨已深，所以西塞羅死後，安東尼甚至將他的頭顱割下示眾。

西元前 42 年，「後三頭」結盟清剿共同政敵——元老院貴族後，三巨頭之間隨即展開爭鬥，屋大維削奪雷必達的軍權。三巨頭轉為屋大維和安東尼兩巨頭並立的局面。

此後，安東尼出任羅馬東部行省總督。到埃及地區，他折服於埃及豔后的美貌，倆人相愛，並生下雙胞胎。安東尼為討女王的歡心，奉女王為「眾王之王」，將東方行省贈與女王的孩子。

安東尼的行為激起羅馬人民強烈不滿。屋大維見時機已到，便發動政變，帶領大批武裝隨從來到元老院，驅逐 400 名擁護安東尼的貴族。迫使供奉神廟的貞女，交出安東尼的預先寫好的遺囑。安東尼的遺囑中說，要將自己安葬於亞歷山大城，並批准對埃及女王的土地贈與。當屋大維公布此遺囑時，引起民怨，公民大會宣布褫奪安東尼的權力，並向安東尼和埃及女王宣戰。

西元前 31 年 9 月，羅馬討伐軍的艦隊和安東尼、埃及女王的艦隊，於希臘西北部的海面會戰，雙方勢均力敵，難分勝負。但在戰鬥最激烈時，女王卻忽然退出戰鬥，逃回埃

及。安東尼無心再戰，也棄軍退守埃及，屋大維獲得勝利。

第二年夏天，屋大維進軍埃及，安東尼敗局已定，卻提出要與屋大維單獨決鬥，屋大維拒絕。安東尼無可奈何，遂伏劍自殺，埃及豔后也在王宮裡自殺。她死後，地中海最後一個東方國家也併入羅馬版圖。羅馬自擴張以來，領土範圍達到巔峰。

長期陷於內戰和分裂的羅馬，又重新獲得統一。由屋大維統治時期開始，羅馬維持兩百多年的和平局面。

屋大維機智謹慎，惟恐重蹈覆轍，儘量確保政權的正當性與合法性，因而在國家制度上還保留著共和的外衣。同時，他又應元老院和人民的要求，接受與悖離共和制的王權。他不僅接受「奧古斯都」的封號，又將國家制度改稱元首制，自封元首，即國家第一公民。當時的屋大維年僅 36 歲，便擁有至高無上的權力。

封建社會時期

耶穌的誕生

傳說耶穌是基督教的開創者，也是教徒所信奉的救世主。

▶ 耶穌的出生

傳說耶穌的母親瑪麗亞，年輕時和名叫約瑟的年輕人訂婚，但未婚即懷孕。約瑟聽聞後便想解除婚約。

一天晚上，他在夢見天神飄然而至，對他說：「約瑟，你放心娶瑪麗亞吧，是聖神使她懷孕。她懷的是上帝之子，名叫耶穌。他會使人類從罪惡的痛苦中解脫。」

約瑟醒來後，遵照天神旨意，娶瑪麗亞。西元元年，約瑟和瑪麗亞來到耶路撒冷。當時又黑又冷，他們找不到落腳處，就隨意留宿馬棚中。夜半時分，破舊馬棚裡傳來嬰兒的啼哭聲，一個小男嬰降生了。據說在男嬰出生當晚，天上有顆星星落到耶路撒冷，幾位東方星象博士看到後，高興地說：「救世主降生到人間了！」

▶ 命運改變

耶穌長大後繼承父業，成為一名木匠。到了 30 歲時，命運發生改變。

一天，他走到約旦河邊，有名叫約翰的教士，一面口誦經文，一面將耶穌浸入水中，使他受洗。耶穌在受洗時懇切

向神祈禱。就在這時，聖靈降臨在他身上。天上有聲音說：「你是我的愛子，我祝福你。」受洗後，他被聖靈引導到曠野，接受魔鬼的試煉。經過四十個晝夜，魔鬼近前來對他說：「你若是神的兒子，可以使這些石頭變成食物。」耶穌回答說：「人活著並不單靠食物，而是靠上帝的神諭與指引。」魔鬼帶著他進了聖城，讓他站在殿頂上，對他說：「你若是神的兒子，便願意跳下去。」耶穌對他說：「不可試探主。」於是魔鬼又帶他登上一座最高的山，將世上萬國與世間榮華都指給他看，對他說：「你若伏拜我，我就將這一切都賜予你。」耶穌說：「經上記著當拜王，單要事奉他。」

在這次答覆後，魔鬼就離開耶穌身邊。後來有天使來侍奉耶穌身邊。從那以後，耶穌開始向群眾傳福音。據說耶穌出外傳教時，創造許多神蹟。他能使盲者重獲光明、跛者起行、病者痊癒，甚至能使死者復生。某次耶穌乘船出海，海上刮起大風，眼看風浪就要吞沒船隻。耶穌痛斥大海，海水立即平靜下來。據說還有一次，他靠著 7 個大餅，就能使4,000 人吃飽。

耶穌傳教使愈來愈多人跟隨著他，人們崇拜、信仰他。耶穌收了幾位門徒，經常向他們講天理。「你們聽著：凡是虛心的人都是幸福的，天國將屬於他們；凡是和睦的人都是幸福的，他們將被稱為上帝的兒子；凡是被人辱罵、被人欺

凌的人都是幸福的，他們死後將在天上得到賞賜；凡是仇恨別人的人，一定要受到上帝的審判。」以及，「你們要聽著，要愛自己的仇敵，不要同惡人作對。有人打你的右臉，你就再把左臉送給他打；有人搶你的外衣，你就把內衣送給他……」有一次，一個富人請教耶穌，如何才能得到永生？耶穌勸他將財產賣掉以周濟窮人。富人聽後面露難色，默默地走開了。耶穌便對弟子們說：「富人要進天國，比駱駝要穿過針眼還難呢！」

耶穌復活

耶穌的救苦救難的善行，招致官吏和祭司們的嫉恨，他們用 30 元銀幣買通耶穌的其中一位門徒 —— 猶大。

耶穌被捕時，他的門徒彼得拔劍削掉一個打手的耳朵，耶穌卻說：「收刀入鞘吧，凡動刀的人，必死於刀下！」彼得只好放下刀子。耶穌被捕之後，受盡打罵、侮辱，最終被釘死在十字架上，當時耶穌年僅 33 歲。

耶穌最終於 3 天後復活。人們趕來朝拜，耶穌對人們說：「只要你們按照我的吩咐去做，我將會永遠和你們同在。」據說耶穌復活後一天，是在春分月圓後的第一個星期日。這天就是基督教的「復活節」。之後，又將耶穌的生日 12 月 25 日立為「耶誕節」。

「基督」即「救世主」之意。傳說耶穌復活後不久又升天，他的信徒們前赴後繼，以無畏精神傳教，使基督教的影響力擴大。到西元 4 世紀，羅馬統治者認為基督教教義中，愛護仇敵，反對和邪惡鬥爭的說法，對穩定政權有利，就將基督教定為國教。此後，基督教漸漸傳到全世界，並成為世界三大宗教之一。

耶穌雖是傳說中的人物，但在他出生的那一年，被西方視為計算歷史年代的元年，即基督紀元，也稱「西元」。就是現在世界各國通行的西元紀年法。記載耶穌生平、箴言，及他的門徒言行的書稱《新約聖經》，而猶太教的經典則稱《舊約聖經》。《新約》和《舊約》合稱《新舊約全書》，即基督教的經典《聖經》。

小知識 —— 耶穌的族源

耶穌的養父約瑟，是亞伯拉罕的後裔。在馬太福音第一章有所記載，由亞伯拉罕到約瑟一共經歷 42 代。但根據路加福音第三章的記載，只有 36 代。

根據馬太福音的記載，瑪利亞是未婚懷孕的，且耶穌不是約瑟名義上的兒子。然而耶穌出生後第 8 天行割禮，第 40 天由父母帶到聖典上去獻祭，可見他是約瑟承認膝下的長子，是按照摩西律法繼承能獲得最大繼承權

的人，也是產業的合法繼承人。

　　根據以賽亞書中以賽亞（猶太國先知）的預言，耶穌出生於大衛的家族，也就是猶大部族。從瑪利亞和約瑟去猶大的伯利恆登記戶口可得知，他們確屬於猶大部族，因為猶大的父親耶西就住在猶大的伯利恆。

拜占庭帝國的崛起

　　羅馬帝國東西地區的經濟、文化發展並不平衡。東部更為穩定繁榮，而且文化發展也高於西部。西元 3 世紀，羅馬帝國陷入深重危機，帝國的經濟、政治中心逐漸東移。

　　西元 330 年 5 月，君士坦丁大帝正式宣布遷都，新都建在拜占庭。拜占庭位於博斯普魯斯海峽近歐洲一側，原為希臘城邦麥加拉和其他地區共同建立的城市。君士坦丁決定遷都後，在此大興土木，更名為君士坦丁堡。西元 395 年，羅馬皇帝狄奧多西死後，他的兩個兒子各領東西。於是，羅馬帝國一分為二：西羅馬以羅馬為都城，東羅馬以君士坦丁堡為都城。東羅馬帝國通常稱作拜占庭帝國。

▶ 盛極一時的拜占庭帝國

　　拜占庭帝國版圖跨歐、亞、非三洲，包括巴爾幹半島、小亞細亞、敘利亞、巴勒斯坦、兩河流域和埃及等地。這些

地區多為古代東方文明的發源地，在社會、經濟、文化方面自有悠久的傳統，這些傳統和特點未因羅馬的征服和遷都而徹底改變。所以拜占庭帝國沒有像西羅馬一般陷入社會危機。

西元 4 ～ 5 世紀時，拜占庭也遭受游牧民族的侵擾。匈奴人、東哥德人曾大舉進攻拜占庭，帝國政府採取重金和解和「以蠻制蠻」的策略，把將他們引向西方。西元 476 年，西羅馬帝國滅亡，拜占庭帝國保持穩定和繁榮，成為地中海區域的強國。

拜占庭帝國之所以能在「民族大遷徙」的浪潮中，避免和西羅馬一樣滅國的命運，轉危為安，根本原因在於經濟繁榮，國力強盛。拜占庭的農業發達，埃及、小亞細亞和色雷斯都是農業發達地區。不僅穀物產量豐富，且廣泛種植亞麻、甘蔗、蘆葦等經濟作物。發達的農業為工商業提供堅實的基礎。拜占庭帝國的紡織業也十分興盛，麻、毛紡織是傳統手工業，後來又學習中國的絲織技術，生產的綢緞頗負盛名。

另外，金屬加工、玻璃製造、採礦、紙草和武器生產等均是當時重要的手工業。君士坦丁堡是帝國最大的工商業中心，它靠近黑海出海口，是連結歐、亞的重要橋梁，因而成為中世紀東、西方的交通要道。來自北歐和東方的商品源源不斷運入君士坦丁堡，再轉運到西歐各地。君士坦丁堡匯集

當時東西方各地的商人，商業發達、人口稠密，成為繁華富庶的大城。

在中古歐洲人的觀念中，只有一個羅馬帝國。羅馬帝國分裂後，大一統的帝國雖名存實亡，但仍是統治者的最高理想。西羅馬滅亡後，拜占庭帝國以羅馬帝國的正統繼承者自居，以復辟舊羅馬帝國為己任。逃到君士坦丁堡的西羅馬元老，也企圖藉拜占庭的力量收復故土。基督教會則希望統一不同教派，所以同樣支持收復西部。查士丁尼大帝的各項政策，體現各項收復西羅馬帝國故土的動機。

西元 527 年，查士丁尼一世繼其叔父之後，登上拜占庭的帝位。他終其一生為重新統一羅馬帝國而努力。同時，作為正統基督教徒，他的政令又帶有狂熱的宗教色彩。中世紀初期，許多日耳曼人信奉基督教異端亞流派。該派認為基督地位次於天父，因基督是上帝所造，也反對教會占有地產。這些思想都不為查士丁尼所接受的，因此他必須掃除異端。政治理想與宗教狂熱在查士丁尼身上充分融合。

查士丁尼的對外政策是穩固東部、向西征討。西元 532 年，他以金錢向威脅帝國東部的波斯帝國求得和平，以集中兵力進攻西部。西元 533 年，他派手下大將貝利撒留出征北非的汪達爾王國。貝利撒留是帝國驍勇善戰的名將，在對西部發動的戰爭中，都出任主指揮官。西元 534 年，汪達爾王

國被占領。西元 535 年，查士丁尼又令其進攻義大利的東哥德王國。雙方幾經較量，西元 553 年東哥德最終滅亡。西元 554 年，拜占庭軍又攻入西哥德王國，占領西班牙南部。地中海再次成了羅馬帝國的內海。

▶ 帝國的衰亡

查士丁尼對內實行暴政，對外實行軍事擴張，但曠日持久的殘酷戰爭不僅使義大利半島殘破不堪，處於奄奄一息的境地，也使拜占庭國庫空虛、民窮財盡。查士丁尼大帝已很難維持龐大的帝國。他在西部占領區倒行逆施，要求歸還羅馬地主的土地，企圖靠法令復辟已滅亡的奴隸制。相反地，由於查士丁尼長期窮兵黷武，致使軍隊勢力大減，瀕於瓦解，不僅未恢復奴隸制，收復的西部地區又丟失。

西元 6 世紀後期起，拜占庭面臨強敵壓境的局面。西元 7 世紀時，斯拉夫人占據巴爾幹半島，帝國僅能控制地中海沿岸及些許島嶼。阿拉伯國家崛起後，又從拜占庭手中奪去兩河流域、敘利亞、巴勒斯坦和北非等領地，帝國逐漸分崩離析。

西元 7 世紀中葉以後，拜占庭已不再是「帝國」的規模，轉變為僅占據小亞細亞和巴爾幹半島部分地區的小國。後又多次遭外族入侵，但皆未滅國。西元 1453 年，土耳其人攻陷君士坦丁堡。西元 1461 年，土耳其人占領所有拜占庭的領地，拜占庭最終滅亡。

諾曼人征服英格蘭

　　諾曼人包括丹麥人、瑞典人和挪威人，他們屬日耳曼人易北河口以北。雖然 4 ～ 5 世紀以來有大批日耳曼人定居西歐，並轉為信仰基督教。但後來諾曼人仍遠居北歐，維持部落生活，信仰不同的自然神祇。

▶「北歐海盜」

　　9 世紀時，由於人口的壓力，及原始社會的社會矛盾，加深諾曼人對北歐的侵掠。即人們常說的「北歐海盜」，形成集團，乘船出海遠航。諾曼人造尖底無甲板的木船，每船能載約 40 ～ 60 人，用帆或槳行駛，速度非常快，便於從海口沿河上溯，深入內陸。而西歐各地又有多條入海的內陸河，成為諾曼人侵略的便途。丹麥人主要襲擊英格蘭和法國，挪威人則進攻蘇格蘭、愛爾蘭等地，而瑞典人則向東歐發展，就是俄國歷史上所說的瓦良格人。

　　大約西元 8 世紀末，諾曼人開始入侵英格蘭東海岸，並逐漸定居。西元 10 世紀初，又侵占法國部分領土。西元 911 年，法蘭西國王查理三世和諾曼人首領羅洛立約，封他為公爵，塞納河口一帶劃歸他統治，爾後大批諾曼人前往定居，形成諾曼第公國。

▶ 亨利四世獲得王位

西元 1016 年，丹麥人征服英格蘭全境。丹麥王克努特（Canute the Great）統治包括丹麥、挪威、瑞典和英格蘭的大國。1035 年，克努特逝世後國家解體，英格蘭乃得復國。西元 1042 年，威塞克斯王朝的後裔愛德華登上英格蘭王位。愛德華曾流亡諾曼第，他的母親是諾曼第公爵羅伯特的女兒。他雖娶英格蘭貴族戈德溫之女為妻，但在朝中重用諾曼人，為諾曼人征服英格蘭鋪路。

西元 1066 年，愛德華國王逝世，並未有法定繼承人。按英國法律，若國王沒有留下王位繼承人，便交由英國政治機構的核心「賢人會議」來決定。

正值「賢人會議」討論之時，諾曼第公爵威廉派來使者，聲稱當年愛德華國王流亡諾曼第時，曾許諾公爵，若有朝一日當上國王，定將王位傳給公爵。

挪威國王也覬覦英格蘭王位，聲稱挪威國王是克努特大帝後裔，昔日英格蘭曾歸克努特大帝統治，現在要求恢復對英國的統治。「賢人會議」經過討論後，決定推選英國本土戈德溫家族的哈羅德（Harold Godwinson）為新國王。

當哈羅德在威斯敏斯特教堂加冕稱王的消息傳到諾曼第時，威廉公爵大怒，立即採取軍事行動。為免後顧之憂，他與東部的弗蘭德爾人結盟，並征服西面的不列塔尼和南部的

緬因。為創造有利的征戰環境，他遊說羅馬教皇亞歷山大二世、神聖羅馬帝國皇帝亨利四世，向他們控告哈羅德背信棄義的行為。教皇轉而支持威廉的行動，還賜給他一面「聖旗」，亨利四世也表示要幫助威廉奪回王位。為他入侵不列顛地區創造極大助益。

▶ 征服英格蘭

哈羅德在繼承王位後，也立即展開軍事籌備。英格蘭首先迎戰挪威。原來哈羅德國王的弟弟托斯蒂格，因不滿領地被剝奪，懷恨在心，於是勾結挪威國王引狼入室。挪威軍隊在英格蘭北部登陸。哈羅德下令迅速集合部隊，連夜啟程北上。

雙方軍隊在英格蘭北部重鎮約克城交戰，挪威軍隊首先向英格蘭的西線軍隊發起進攻，英軍居高臨下，抵禦敵人的攻勢。挪威軍隊又改向東線進攻，就在挪威軍接近英軍陣地時，英軍萬箭齊發，挪威軍死傷無數，一支利箭朝挪威國王飛來，國王躲閃不及，正中咽喉，當場倒地身亡。群龍無首，挪威軍心渙散、傷亡慘重，餘部投降。

英軍雖取得勝利，但是哈羅德的軍隊也已精疲力盡。正待休整，又傳來壞消息 —— 諾曼第公爵威廉的軍隊在不列顛的南部登陸。

西元 1066 年 9 月 28 日，威廉的軍隊未遇任何抵抗便在佩文西灣登陸。10 月 14 日，威廉軍趕到黑斯廷斯與英軍交戰。

英軍多次打退威廉軍，但哈羅德在混戰中中箭，不幸身亡。

國王戰死，英軍士氣低迷，全線潰敗。黑斯廷斯戰役以威廉的勝利告終。威廉乘勝追擊，攻占倫敦，不久便征服整個英格蘭。當年聖誕節，威廉在威斯敏斯特教堂舉行加冕典禮，是為威廉一世，史稱「征服者威廉」。

新航線的開闢

哥倫布透過閱讀《馬可‧波羅遊記》，對東方世界產生濃厚興趣。他相信當時的主流地圓說，認為地球是圓的，只要從歐洲海岸一直向西航行，就可以到達印度，取得大量黃金、香料、絲織品。

哥倫布與「聖瑪利亞」號

西元 1492 年 8 月 3 日拂曉時分，三艘帆船由西班牙南端的巴羅土港起航，向西駛去。率領這支船隊的哥倫布站在旗艦「聖瑪利亞」號的船頭，遠眺無邊無際的大海，陷入沉思。此刻，他的心情十分複雜，既充滿期待，對前方世界感到未知，還有幾分恐懼。在基督教傳說中，大海的四周是無底的深淵，當船到達時會被魔鬼吞沒。大海使人無法捉摸，此行也許能到達遍地黃金之地，也可能會葬身海底。當時，他並未意識到這會成為地理大發現的第一步。

哥倫布（西元 1451 ～ 1506 年）的出身一直存有爭議，但大多數學者認為他出身於航海事業發達的熱那亞城。他於年輕時就多次外出航海。

當時，歐洲社會正經歷變革。經過近千年的發展，產業生產力提高。隨著經濟迅速發展，人們的貨幣需求也在不斷增加，由於社會貨幣流通情況不佳，導致財富資本的累積十分緩慢。當時歐洲主要使用金幣，黃金同時是財富的象徵，但歐洲每年的黃金開採量十分有限。且此前東、西方之間的貿易並不平衡。歐洲社會上層對東方奢侈品的需求日益增加，因此，東方的香料、絲綢、瓷器和其他產品不斷運往西方，而西方卻沒有可以交易的產品，只得用黃金、白銀進行貿易，導致金、銀的大量外流至東方，間接開啟一波淘金熱。

哥倫布曾說：「黃金是一個令人驚嘆的東西！誰擁有它，誰就能夠為所欲為，無所不能。有了黃金，可以將靈魂送往天堂」。呈現當時歐洲人的心理寫照。恩格斯也曾指出：「葡萄牙人在非洲海岸、印度和整個遠東尋找的是黃金；黃金一詞是驅使西班牙人，橫渡大西洋到美洲去的咒語；黃金是白人剛踏上新發現的海岸時，所需要的第一件東西。」

某些人將淘金的希望，寄託在遠海和東方。義大利旅行家馬可‧波羅在他的遊記裡頭。將東方描寫得非常富有，說那裡黃金遍地，香料盈野。不過，當時到東方並不容易，路

途凶險難料。

　　西元 11 世紀時，歐洲曾組織十字軍，企圖東征，結果卻傷亡慘重。採取和平貿易、派遣使節也是困難重重。當時通往東方的重要商路有三條：一條於北部，經小亞細亞、黑海、裏海至中亞細亞；一條在中部，從地中海東岸經兩河流域至波斯灣，再到東方各地；還有 —— 條在南部，經埃及的亞歷山大港到紅海，再轉航向東。北路被土耳其人占據，當時鄂圖曼土耳其帝國與神聖羅馬帝國正交戰；另外兩條被阿拉伯商人控制，伊斯蘭教和基督教關係並不和諧，越過中、南水路幾乎是不可能的。東西貿易的貨品經阿拉伯商人轉手後，幾乎都要提高 8 ～ 10 倍的價錢。

　　長期以來，歐洲的貴族和商人，設法繞過中東地區，另尋途徑到達中國和印度。到了西元 15 世紀末期，歐洲人終於具備較完備的條件航向東方。

　　西元 15 世紀末期，歐洲大多形成強大的民族國家，如英國、法國、葡萄牙和西班牙等國。任何事業經過提案，都能在國家贊助下進行。當時的天文地理知識也有更進步的世界觀，古希臘地理學家的地圓學說得到普遍承認。在航海方面，歐洲的造船技術進步，由中國傳入的羅盤針已得到廣泛應用，因羅盤而不會迷航，使遠航的可能性增加。同時，在歐洲也出現一批敢於冒險的航海家、贊助者。新航線的探索過程中，哥倫布是代表人物。

世界篇

▶「聖大非協定」

　　為實現遠航願望，哥倫布四處尋求資助者，但到處碰壁，大多數人都不信任遠航會成功，更不願投資遠航計畫。西元 1486 年，哥倫布來到經濟繁榮強盛的西班牙，向西班牙國王陳述他的主張，以及遠航的需求。

　　西班牙國王於西元 1492 年 4 月 17 日，和哥倫布簽訂「聖大非協定」，決定贊助遠航，並事先封他為將要發現的土地統治者，即成為他發現或取得的一切島嶼、大陸的海軍上將，新發現土地的世襲總督。他有權把新土地上總收入的5%留為已有，但土地的主權仍屬於西班牙國王。

▶ 發現新大陸

　　經過一番準備後，哥倫布終於在西元 1492 年 8 月 3 日由西班牙出發遠航。他的船隊由 3 艘大帆船、87 名水手組成。他指揮船隊一直向西航行，西元 1492 年 10 月 12 日凌晨，經過兩個多月後，因遲遲不見陸地，船員怨聲四起，幾乎要發生暴動。船頭上的一名水手突然一聲驚叫：「啊！陸地！」原來他在月光下隱隱約約看到前方出現陸地。

　　天亮時，他們登上一座島嶼。哥倫布欣喜地宣布此地成為西班牙的土地，並命名為聖薩爾瓦多島。聖薩爾瓦多意為救世主，即現在巴哈馬群島中的華特林島。哥倫布以為他已到了印度，所以誤將當地人稱為印第安人（即印度人）。

▶ 第一個殖民者

哥倫布沒有向西，而是由此向南繼續航行，到達附近的古巴和海地，發現許許多多的大小島嶼。但使哥倫布失望的是，此地並未發現黃金和香料，但有獨異的動植物和異於歐洲的風土人情。

哥倫布作為歐洲在美洲的第一個殖民者，雖未採到大量黃金，但仍透過其他方式滿足財富需求。起初，歐洲殖民者不行掠奪，而是進行不平等貿易。當時島上的原住民仍維持原始的生產方式。因此，歐洲人帶來的所有製品，甚至廢棄物、玻璃碎片和撲克牌，對於他們來說都很新奇。歐洲人利用資訊不對稱的情況，換取大量貴重物品。

印地安人將白人當成上天的使者並熱情招待，滿足他們的各種要求，對於白人完全沒有戒心。但哥倫布到達海地以後，先建立據點，接著將先進武器 —— 大炮和火槍帶到島上，開始對當地人民的血腥統治和瘋狂掠奪。哥倫布帶著掠奪的財寶和十個印第安奴隸返航，於西元 1493 年 3 月 15 日回到西班牙的帕洛斯港，向歐洲人宣布他已找到通往印度的航路。在歐洲引起轟動，哥倫布得到國王的禮遇，封為西班牙貴族。

▶ 前仆後繼的航行者

不久，西班牙國王決定再次派哥倫布遠航。這次，哥倫布先後到達多明尼加、海地等地。此後，哥倫布又兩次到達美洲。但所到之處黃金礦產不多，西班牙國庫並未有高收入，哥倫布也未取得利益，反招致西班牙貴族的嫉恨和排擠。西元1506年5月20日，他病逝於西班牙的瓦拉多利德城。

哥倫布至死都認為他所到的地方是印度。後來一個叫做亞美利加的義大利冒險家，航行到美洲大陸的另一邊發現太平洋，從而證實哥倫布發現的並非印度，而是新大陸。後來，新大陸即稱為亞美利加洲，即今美洲。

西班牙派人向西航行的同時，葡萄牙人也向南尋找通向東方的航路。葡萄牙人很久之前便試圖向西航行。早在西元1487年，葡萄牙人迪亞士即受國王資助，組織船隻沿非洲海岸向南航行，到達非洲最南部的好望角。

隨後，葡萄牙人達伽馬（西元1469～1524年）組織更大的船隊，於西元1497年7月8日由里斯本出發，先循著迪亞士的航線，於同年11月到達好望角，並轉而向北航行。1498年3月，到達了莫三比克海峽。透過阿拉伯嚮導的指引，達伽馬於5月20日到達印度西南岸的卡利卡特（Calicut）。他本想在此建立據點，但遭當地人抵制。在購入大批的香料、絲綢、寶石和東方特產後匆匆返航。此次貨運的所

得利潤是航行費用的 60 倍之多。

在之後的航行中，葡萄牙人帶來軍隊和砲火，建立許多商業、軍事據點，獲得通往東方航路的控制權。

小知識 —— 麥哲倫海峽

麥哲倫透過行動證實可環繞世界航行。西班牙人雖發現美洲，但當時在那裡所獲得的利益卻遠遠不如葡萄牙人在印度所獲得的多，所以西班牙決意要繼續向西航行，以求從西面到達印度。西元 1519 年 9 月 20 日，葡萄牙人麥哲倫（西元 1480 ～ 1521 年）在西班牙國王的資助下，率領一支由 5 條大帆船和 265 名水手組成的探險船隊出航，先沿著已知航線向西，再轉向南，沿著美洲大陸南下。途中曾因冬日酷寒而滯留很長一段時間。

春日很快來臨，他們很快便發現美洲南部的海峽。後即稱為麥哲倫海峽。在橫渡太平洋的過程中，麥哲倫的船隊缺乏糧食、淡水，也曾遇船隊暴亂，叛亂的水手被麥哲倫拋在荒島上。西元 1521 年 3 月，終於到達菲律賓群島，船隊獲得資源的補給機會。

然而，麥哲倫在涉入島上內部戰爭時，被當地土著所殺。後來船隊沿著已熟悉的航路進入印度洋，再沿葡萄牙人發現的航路返回西班牙。當西元 1522 年 9 月船隊

返回西班牙時，水手們發現所使用的日曆與實際時間差了一天。透過此次航行，證實地圓學說的可信度。

新航線發現後，世界各大陸的往來交流漸趨頻繁。但在初期，由於東、西方在經濟水準、槍砲武器等層面存有差距，歐洲人轉而進行大規模的殖民行動。在非洲、亞洲和美洲拓展、占領殖民地，壓迫和剝削當地人民，甚至進行奴隸貿易。

文藝復興

西歐中世紀是「黑暗的時代」。基督教會成為社會的精神支柱，建立一套階級制度，上帝具有絕對權威，文學、藝術、哲學等領域，都得遵照《聖經》教義，具有神聖性和普遍性。若有違反經義，宗教法庭即會實行制裁，甚至處以死刑。

▶ 教會的黑暗統治

《聖經》中說，人類的祖先是亞當、夏娃。由於他們違背上帝的禁令，偷食禁果，犯下大罪。作為他們的後裔，就得世代贖罪，終身受苦，不存貪欲，以求死後能進入天堂。

在教會的思想控制下，中世紀的文學、藝術、科學等領域發展進程緩慢。古希臘、羅馬時期，文學、藝術、科學具

有極高成就，人們也能自由發表思想、言論，和「黑暗時代」的中世紀形成鮮明的對比。

西元 14 世紀末，由於鄂圖曼土耳其帝國西侵，東羅馬帝國的許多學者，帶著大批古希臘、羅馬的藝術珍品，和文學、歷史、哲學等書籍，紛紛逃往西歐。後來，東羅馬的學者在義大利的佛羅倫斯開辦「希臘學院」，講授、傳頌希臘輝煌的歷史文明。

西歐人自此崇尚古希臘、羅馬文明的內涵，學者主張學習、恢復古希臘、羅馬的藝術傳統。這就是歷史上所稱的「文藝復興」。

▶「人文主義之父」

文藝復興起源於義大利。義大利在地理和文化上承繼古羅馬文明，義大利深受古羅馬文化影響，包含義大利語也是拉丁語系的分支。在歐洲社會發展中，義大利始終繁榮、進步。古代藝術、文明的復興，是光榮的象徵。

「文藝復興」名義上是為恢復古典的文學、藝術，實際上是為振興科學發展，並掙脫教會「神本」思想的桎梏。轉而關懷、愛重人類的「人本」思想。反對「贖罪說」、「原罪說」，給予人們充分的思想自由，使文化、藝術、文學等領域都自由且蓬勃發展。

　　以人本的「人文主義」思想，在當時十分前衛。著名義大利詩人、學者佩脫拉克（西元 1304 ～ 1374 年）第一次提出了和基督教教會抗爭的這種進步思想，因此他被認為是文藝復興運動的先驅人物，被稱為「人文主義之父。」

▶《君士坦丁獻土》

　　文藝復興運動興起的過程中，關於《君士坦丁獻土》文獻真偽的爭論，更促進文藝復興的進展。

　　基督教的羅馬教皇，乃宗教的領袖，被稱為「父親」。擁有大範圍的領地，形成「教皇國」，羅馬教皇的權力高於歐洲各國的君主。

　　在西元 750 年，法蘭西國王「矮子丕平」曾將義大利中部的一大片國土獻給教皇，形成後來「教皇國」的領土。但教皇認為法蘭西國王的聲望較低，只有古羅馬皇帝才能代表全歐洲。因此教皇偽造文獻，聲稱「教皇國」是西元 4 世紀初羅馬帝國的君士坦丁大帝所呈獻，且整個羅馬帝國都臣屬於教皇。據此推溯，整個歐洲都應聽命於教皇。從此，代代教皇都將獻土文獻作為至高皇權的憑證。

　　西元 15 世紀的義大利歷史學家瓦拉（Lorenzo Valla）精通古代語言、文字。經過研究後他發現《君士坦丁獻土》以西元 8 世紀的拉丁文寫成，而君士坦丁大帝是西元 4 世紀的人物，文字書寫時代對不上，瓦拉拆穿了教皇的權力把戲。

　　《君士坦丁獻土》象徵教皇高權，若皇權憑證為假，教皇又以何佐證統治的正當性、合法性呢？至此，政教合一的教會統治權勢已逐漸走向崩壞。基督教宣揚的絕對權威觀念，也受到強大衝擊，人本思想逐漸凌駕於神本思想之上。

　　思想終於從教會的精神枷鎖中被解放，自由發表言論、思想。在復興古希臘、羅馬文化的基礎之上，注入自身的思想、情感，進而創造全新的藝術形式。

▶ 佛羅倫斯

　　文藝復興的發展中心，位於義大利的佛羅倫斯。佛羅倫斯的藝術家們於建築、繪畫和雕刻等層面都取得偉大的成就。

　　建築家布魯涅內斯基（Brunelleschi）所建造的佛羅倫斯大教堂，光是中央圓頂就有二十多層樓高，無比雄偉和壯麗，毫不遜色於中世紀的經典教堂。

　　多那太羅（Donatello）的雕塑作品栩栩如生，其為帕多瓦（Padova）城中廣場所雕刻的軍人駕馬像最為出色。這座雕塑作品充滿生命力，展現軍人的英武和雄霸之氣。

▶ 科學藝術的發展

　　達文西乃是藝術家也為科學家，是學識淵博的通才。名作〈蒙娜麗莎的微笑〉存於法國羅浮宮，乃世界聞名不朽之作。達文西透過少婦的肖像，表現人物內心豐富而細膩的內

心世界。優美、端莊、真摯的微笑，帶有柔和、溫婉的感受；走近畫像時，她的嘴角又彷彿是冷笑。使人浮想聯翩、遐思不已。

達文西的壁畫〈最後的晚餐〉，被列為世界文化遺產。當中描繪耶穌在被捕前，和十二門徒的聚餐，耶穌向門徒說：「你們當中有人出賣我」時，十二門徒表現的各種樣態，將人物的心理勾勒地維妙維肖，後世類似題材的作品都未能超越達文西的成就。

達文西的晚年生活致力於科學研究，遺留 7,000 多幅速寫、手稿和設計圖。證實他在哥白尼之前，就已否定過地心說，在牛頓之前即提出重力法則。他還設計過飛機、戰艦、蒸氣機等。可見他對於科學研究的熱忱，以及卓越傑出的貢獻。

同處文藝復興時代的米開朗基羅，於建築、雕刻、繪畫上皆有出色的作品。他所設計的聖彼得大教堂圓頂，作為後世仿效的典範。他的雕塑品〈大衛像〉展現體態之美，體現對正義的執著和為之奮鬥的精神。米開朗基羅在羅馬教皇宮的西斯汀禮拜堂穹頂上，曾繪〈創世紀〉，面積達 300 平方公尺，可謂曠世巨作。

不只文學、繪畫等藝術形式在義大利蓬勃發展，許多傑出的思想家也出身義大利。如康帕內拉在《太陽城》中，虛

構廢除私有制的理想社會，人人享有平等的參政權，以及共享所有社會資源。反映人文主義建構下的理想城邦，以及類似當代社會主義的思想。

以義大利為中心，文藝復興的浪潮席捲全歐洲，出現許多著名的宗教改革家（如德國的馬丁·路德）、文學家（英國的莎士比亞、法國的拉伯雷（François Rabelais）、西班牙的塞凡提斯（Miguel de Cervantes Saavedra）等）、社會主義思潮的提倡者（如英國的摩爾（Thomas More）、自然科學家（如波蘭的哥白尼、義大利的伽利略等）、哲學家（英國的培根）等。

在文學家、藝術家、科學家的推動下，文藝復興為中世紀的文化增添光彩，推動社會革新的進程。文藝復興昭示中世紀「黑暗時代」的結束，也彰顯人類對自由平等的美好社會具有恆久的追求。

＝ 英國的奠基人—伊莉莎白一世 ＝

英國女王伊莉莎白一世（西元 1533 ～ 1603 年），通常被認為是歷史上最偉大的君王之一。如果沒有她的統治，西方歷史很可能截然不同。

世界篇

▶ 伊莉莎白的身世

　　伊莉莎白的父親亨利八世，和安妮王后生下伊莉莎白後，因她始終無法生下王子，不到三年即將安妮王后囚入陰森恐怖的倫敦塔至死。亨利八世後來又立過四位王后，第三位終於生下王子。女兒似乎被亨利八世遺忘了，照看伊莉莎白的宮女因不忍見她的衣服越來越不合身，投書給國王請求裁製新衣，足見亨利八世重男輕女的心態。

　　西元 1547 年，亨利八世逝世，唯一的王子愛德華六世繼位，當時他僅十歲，六年後也不幸病死。虔誠的天主教徒瑪麗繼承王位，她認為母親的死和她遭受過的苦難，和基督教義有關，便對新教徒進行殘酷鎮壓。短短三年間，倫敦等地就有三百餘人被燒死，因此史稱她為「血腥瑪麗」。

　　新教徒不堪壓迫，轉而擁護信奉基督教的伊莉莎白。自然引起「血腥瑪麗」的嫉恨，她將伊莉莎白囚禁於倫敦塔。「血腥瑪麗」不到四十歲即逝世，這時，不受重視的伊莉莎白反成王位的唯一繼承者。

▶ 出色的統治

　　伊莉莎白一世即位後，積極處理新教和天主教的紛爭、矛盾。她採取折衷作法，改新教為國教，但不迫害天主教徒的權益。女王的寬容遂贏得人民的忠誠追隨。

▶ 海上霸主

伊莉莎白在位時，英國與西班牙為爭奪海上霸權，關係十分緊張。西元 1588 年，西班牙的「無敵艦隊」來勢洶洶，駛進英吉利海峽。

當時，英國海軍較弱。危急時刻，伊莉莎白一世英勇無畏，親自前往前線，激勵士兵們奮勇作戰。「無敵艦隊」最後幾乎全軍覆沒，英國從此奪得海上霸主的地位。

伊莉莎白一世統治的時代，被認定是英國的黃金時代。在此期間，英國經濟穩定，文藝活動蓬勃發展，許多偉大的作家（如莎士比亞）即出身黃金時代。女王喜歡觀賞劇作，也贊助莎士比亞的創作事業。

伊莉莎白一世是英國歷史上最偉大的女王，是大英帝國的奠基者。她終生未婚，放棄愛情而選擇為國家犧牲奉獻。她也有「童貞女王」的稱號，戴著棕紅色的假髮、塗抹重白色鉛粉，極具威嚴地統治著整個國家。

伊莉莎白一世去世前立下遺囑，將王位傳給蘇格蘭國王詹姆士六世，使英國、蘇格蘭地區合而為一，聯為強大的不列顛王國。

＝ 羊吃人的圈地運動 ＝

在西元 15 世紀的英國，除國有土地之外，每塊土地皆已私有化，那麼為何還出現重新圈占土地的情況呢？

▶ 毛紡織業的迅速發展

西元 15 世紀以前，英國生產業以農業為主，紡織業發展並不興盛。隨著新航線的發現，國際間貿易往來頻繁，在歐洲大陸的西北角的佛蘭德爾地區，毛紡織業繁盛發展，使得英國本土的紡織業也被連帶帶動。

毛紡織業的發展，使得羊毛的需求量增大，市場上的價格開始猛漲。英國本來是傳統的羊種畜牧大國，除了滿足國內的需要外，還得從事國際貿易。因此，畜牧業與農業相比，就變得更有利可圖。紡織業的發展也使貴族開始投資畜牧業。

畜牧羊類需要大片土地，於是貴族們將租借土地的農民趕走，甚至拆除他們的房屋，進一步土地圈占。一時之間，英國到處可見被木柵欄、籬笆、溝渠和圍牆區分的草地。被趕出家園的農民，則變成無家可歸的流浪者，這個現象即稱為圈地運動。

▶ 殘酷的圈地運動

著名作家湯瑪斯・摩爾在《烏托邦》的書中寫道：「綿羊本來是很溫馴的，所求無多。現在牠們卻變得貪婪和凶狠，甚至要把人吃掉，牠們要踏平我們的田野、房屋和城市。」

圈地運動起初先剝奪農民的公共用地。在英國，雖然土地多為私有，但森林、草地、沼澤和荒地等，許多公共用地則為無主地。貴族利用自己的勢力，刻意擴大羊群圈養範圍，強行占有公共用地。當土地無法滿足貴族們的需求時，他們又採用各種方法，將世代租種土地的農民趕出家園，甚至將整個村莊和周邊地土地都圈成養羊的牧場。

曾有一群農民在控訴約翰・波米爾的領主的上訴書中寫道：「有權有勢的約翰・波米爾欺騙、暴力占有您的苦難臣民 —— 我們的牧場，這些土地是我們世代所擁有的。他將牧場和其他土地用籬笆圍起來，占為自己所有。

後來，約翰・波米爾又強行奪取我們的住宅、田地、傢俱和果園。有些房屋被拆毀，有些甚至被他派人放火焚燒，我們被強行驅逐。若有誰不順從，波米爾就率領打手包圍他的家。這些人手持刀劍、木棒，氣勢洶洶，凶猛地打破他們家的大門，毫不顧忌他們的妻子兒女的號哭。

約翰・波米爾為了圈占我們的土地，不惜將我們囚入監獄，毒打致殘，甚至殺害，我們現在連生命都難以保全。」

　　在強行的圈地運動下，農民以各種形式租種的土地，無論終身租地、續租地，都被貴族強行圈占。成為牧場主人的貴族們還相互比較，使他們的莊園規模變得愈來愈大。

　　英國的圈地運動從西元 1670 年代始，一直延續到 18 世紀末，英國一半以上的土地都成為牧場。在圈地運動的發展過程中，雖然英國國王也頒布限制圈地範圍的法令，但並未起多大的作用。

　　為使被驅逐的農民得到安置，英國國王在頒布限制圈地法令的同時，也規定流浪的農民、遊民接受薪資低廉的工作。凡是有勞動能力的遊民，若不在規定時間內找到工作，一律加以法辦。

　　流浪的農民一旦被抓住，就得受鞭刑並送回原戶籍地。如果再次被發現流浪在外，就割掉半隻耳朵。若第三次被發現即處以死刑。

　　後來，英國國會又頒布了一個法令，規定凡是流浪一個月還沒有找到工作的人，一經告發，就要被賣為奴隸，他的主人可以任意驅使他從事任何勞動。這種奴隸如果逃亡，抓回來就要被判為終身的奴隸。第三次逃亡，就要被判處死刑。任何人都有權將流浪者的子女抓去當學徒、服苦役。

▶ 惡劣後果

亨利八世、伊莉莎白兩代國王統治時期，曾處死大批流民。圈地的結果，使英國農民數量漸趨稀少，失去土地的農民只好大量流入城市，成為無產階級。為了生存他們不得不進入手工工廠，成為廉價勞動力。薪水十分低廉，卻得工作十幾個小時。

西元 18 世紀後，英國國會透過准許圈地的法令，使圈地合法化，英國農民的人數降至新低。

圈地運動為英國的資本主義發展提供有利的條件。「羊吃人」的圈地運動雖使得大量農民流離失所，卻間接促成城市勞動力遽增。

資本主義時期

═ 爭奪海上霸權 ═

西元 16 世紀下半葉，英國工商業迅速發展，迫切需要擴大海外貿易，尋找新的市場。可是，西班牙自 16 世紀中葉後，殖民勢力範圍就已擴大到歐、美、非、亞四大洲。依靠龐大艦隊壟斷國際貿易，干預歐洲各國事務，稱霸歐洲，成為英國對外擴張的主要阻力，英、西關係矛盾加劇。

▶ 矛盾逐漸加深

在英女王伊莉莎白統治初期，英國海軍力量薄弱，不敢和西班牙公開較量，常利用稱為「海狗」的冒險家，成為海盜和從事走私，藉以擾亂西班牙航線。豪金斯、德瑞克等人，就經常在海上攔截西班牙運載金銀的船隻。他們也到美洲從事走私、販賣奴隸。將劫掠所得與女王共享，女王則封授海軍上將的軍銜，以德瑞克搶來的鑽石裝飾王冠。

西元 1580 年代，英、西的海上鬥爭全面展開，英國支援西班牙屬地荷蘭的革命，以圖削弱西班牙國力。西班牙則透過外交使臣和間諜，在英國扶持天主教勢力，力圖推翻伊莉莎白的統治，將蘇格蘭女王瑪麗·史都華（Mary Stuart）扶上王位。而伊莉莎白則下令處死囚禁二十年的瑪麗一世和其他陰謀分子。英、西矛盾就此白熱化，更產生諸多武裝衝突。

▶ 頻繁的海上紛爭

　　西元 1588 年，西王菲利普二世派出「無敵艦隊」遠征英國。「無敵艦隊」排成月牙形，浩浩蕩蕩駛進英吉利海峽，向英國開戰。這支艦隊由麥地那・西多尼亞公爵擔任總指揮。

　　面對「無敵艦隊」，英國艦隊並不正面迎戰，只是讓少數快速戰艦繞過敵艦並跟隨其後，等待機會突襲和帆槳損壞的敵艦。西元 1588 年 8 月 7 日夜間，天空昏暗無光，海上水霧繚繞，刮起強勁的東風，西班牙船員已入夢鄉。英國人將六艘舊船裝滿易燃物品並點燃，船身塗滿柏油。六條火龍向西班牙艦隊疾馳而去，一片火海之間，無敵戰艦許多船隻都被燒毀。

　　8 月 8 日，兩軍在加萊港的東北角會戰。西班牙戰艦外形壯觀，機動性不足，成為英國戰艦炮火集中轟擊的目標。英國戰艦行動輕快，遠距離開炮時，炮火又猛又狠，「無敵艦隊」的艦船紛紛中彈起火。相反，西艦向英艦開炮射擊時，卻往往無法命中。因為英艦在遠處靈活閃避，行動自如。這種遠距離炮戰使西班牙艦隊的步兵和重炮無法充分發揮作用。

　　激烈的炮戰持續了一整天，直到雙方彈藥用盡才告結束。此時的「無敵艦隊」被打得七零八落。西多尼亞公爵眼看大勢已去，登陸無望，只得命令艦隊進入北海，繞過不列

顛群島返航西班牙。在這次遠征英國的行動中，「無故艦隊」損失戰艦 63 艘，英軍卻絲毫未損。

▶ 逐漸邁出擴張的腳步

英國和西班牙之間的海上爭奪一直延續到西元 1604 年，直至伊莉莎白一世逝世，瑪麗‧史都華的兒子，蘇格蘭的國王繼位，稱詹姆士一世。他和西班牙結盟，戰爭終於結束。

在英國海軍崛起以前，西班牙一直是海上霸主，可最後大西洋上飄蕩的卻是米字旗，英國終於成為亙古以來前所未有的海洋大帝國。

英國擊敗西班牙的無敵艦隊後，開始擴大對外貿易，積極向印度和美洲滲透和擴張，先後在印度蘇拉特和清奈、西非甘比亞建立商站。英國探險家沃爾特‧雷利爵士（Sir Walter Raleigh）曾說：「誰控制海洋，即控制貿易；誰控制世界貿易，即控制世界財富，因而控制世界。」這句話成為英國的名言。

小知識 ── 日不落帝國

日不落帝國是指照耀在部分領土上的太陽落下，而另一部分領土上的太陽仍高掛的帝國，通常用來形容繁榮強盛、在全世界均有殖民地並掌握當時霸權的帝國。如今在一些場合用來形容帝國主義。

日不落帝國一詞最早是用來形容西元 16 世紀時的西班牙帝國，來源於西班牙國王卡洛斯一世的一段論述：「在朕的領土上，太陽永不落下。」西元 19 世紀，這一詞被普遍當作大英帝國的別稱。尤其是在維多利亞女王時代，那時英國出版的世界地圖，把大英帝國用粉紅色標出，生動地表現出英國在全球範圍內的霸權。

法國啟蒙運動

西元 18 世紀法國產生以反對專制制度的社會運動，以及對天主教會作為產生反思的思想運動。即啟蒙運動。啟蒙運動是法國大革命的前奏，在政治上、思想理論上為大革命作充分準備，提供精神食糧，並在世界歷史上產生深遠影響。

▶ 啟蒙運動的產生背景

啟蒙運動起因於法國專制制度搖搖欲墜，及資本主義蓬勃發展的歷史條件。西元 17 世紀的法國仍是典型的君主專制國家。法國專制制度由全盛走上衰落是經歷路易十四（西元 1661 ～ 1715 年）、路易十五（西元 1715 ～ 1774 年）和路易十六（西元 1774 ～ 1791 年）統治時期。啟蒙運動即發生在這三位君主在位時。

啟蒙運動的代表人物有伏爾泰、孟德斯鳩、盧梭、狄德

羅、霍爾巴赫（baron d'Holbach）、愛爾維修（Claude Adrien Helvétius）和平民思想家梅利葉、摩萊里（Étienne-Gabriel Morelly）及馬布利（Gabriel Bonnot de Mably）等人。他們猶如燦爛的群星，給法國人民帶來光明和希望。

啟蒙運動的倡議者是一位天主教神父梅利葉（西元 1664～1729 年）。他生前默默無聞，臨終時留下三卷巨著《遺書》，他尖銳批判天主教義和專制制度，為啟蒙運動的思想開路。他還預言沒有剝削、壓迫、私有財產的理想社會必將來臨。

伏爾泰

伏爾泰（西元 1694～1778 年）從 1720 年代起就投身於啟蒙運動中，積極活動約六十年。他出身於巴黎的中產階級家庭，自幼在貴族學校讀書時受過歧視，種下反對專制主義的種子。後因寫諷刺專制制度的作品，曾兩次被關進巴士底監獄，並於西元 1726 年被驅逐出境，後半生流亡在外。

伏爾泰以博學著稱，高舉科學、民主的思想旗幟，著作等身。代表作是於西元 1734 年出版的《哲學通信》。揭露專制制度的劣跡，抨擊教會的話術。伏爾泰認為宗教本身就是彌天大謊，稱天主教為「惡根」，教皇為「禽獸」。於政治層面，他主張建立「開明專制」，實行英國的君主立憲制。伏爾泰幾乎經歷啟蒙運動的全期發展。無論就奮鬥之心力、

著作之豐巨，乃至於思想的傳播和影響，伏爾泰皆是啟蒙思想泰斗。

孟德斯鳩

孟德斯鳩（西元 1689 ～ 1755 年）出身於貴族世家，繼承男爵爵位和波爾多省法院院長的世襲職位。但他卻反對階級分明的不平等，具備十年法院院長的閱歷後，和長期的社會考察，使他對專制體制的劣處有更深刻的體會。他透過《波斯人信札》、《羅馬盛衰原因論》、《論法的精神》等著作，揭露專制制度之惡，嚴厲譴責暴君政體，並探尋其必然滅亡的規律。

盧梭

啟蒙運動中思想較激進的，是平民階級思想代表者盧梭（西元 1712 ～ 1778 年）。他原籍法國，出生於日內瓦的鐘錶匠家庭。由於家境貧寒，盧梭當過學徒，也曾浪跡天涯，體察過專制的不平等及黑暗。

主要著作有《論人類不平等的起源和基礎》、《社會契約論》（民約論）、《愛彌兒》等。他指出社會不平等的根源是土地私有制。私有制出現後有了貧富差距，社會階級不平等，隨之而來的即是道德風俗的敗壞，國家又以法律加上桎梏。他反對富人剝削、壓迫窮人，但不主張廢除私有制，只

主張應貧富均衡。他的主要貢獻是提出「社會契約」、「主權在民」和建立民主共和國的學說。他認為,理想的國家是以契約形式所結成,公民是「主權者」,人人自由、平等。人民的意志是國家權力的根本,一切權力的表現和運用,必須體現人民的意志。若統治者悖離人民的意志,侵犯人民主權,人民就有權推翻它。這一思想成為屬於第三等級的中下層群眾,所秉持的理論旗幟,並在法國大革命中成為主要的革命思想。在《人權宣言》和雅各賓(Jacobins)專政時期的政策中,也反映出「民本」的思想。羅伯斯庇爾(Maximilien François Marie Isidore de Robespierre)即是盧梭思想的狂熱信徒。

▶ 崛起的眾多思想家

與盧梭等人同時期也有一批思想家,如狄德羅(西元1713～1784年)、霍爾巴赫(西元1723～1789年)、愛爾維修(西元1715～1771年)等,曾共同編纂百科全書,思想因而得名為百科全書派(Encyclopédiste)。他們以唯物論為思想主力,反對封建專制、教會干政及宗教迷信。

在狄德羅主導所編纂的百科全書或稱《科學、藝術和工藝詳解辭典),全書三十五卷,編輯至出版歷時年,撰稿近兩百人參與,絕大部分啟蒙學者都投身其中。既有著名的啟蒙學者伏爾泰、孟德斯鳩、盧梭,也包括自然科學家達朗

貝爾（Jean le Rond d'Alembert）和布豐男爵（Georges-Louis Leclerc, Comte de Buffon）、哈勒，文學家博馬舍（Pierre-Augustin Caron de Beaumarchais）以及經濟學家魁奈（François Quesnay）和杜閣（Anne Robert Jacques Turgot）等人。核心人物則是以狄德羅為首的幾位唯物主義哲學家，他們宣揚的唯物論、無神論，為百科全書奠定哲學相關基礎。

百科全書派的唯物主義觀點，是法國大革命的理論主力，為《人權宣言》提供養分。但他們的唯物論仍是機械唯物論，在解釋社會和歷史現象時又陷入唯心主義的循環。

啟蒙運動的意義：西元 18 世紀的法國啟蒙運動，成為整個歐洲啟蒙運動的中心，並推動和歐洲的中產階級民主革命。西元 1776 年，英國的《獨立宣言》宣示人人生而平等，內容來自啟蒙思想。德國的萊辛（Gotthold Ephraim Lessing）、歌德、席勒（Johann Christoph Friedrich von Schiller）領導的文學革命，以及康德開啟的哲學革命，又俄國的普希金（Alexander Pushkin）、拉季舍夫（Alexander Radishchev）和十二月黨人革命，也受到法國啟蒙思想的影響，他們都自稱是西元 18 世紀法國啟蒙思想家的信徒和後學。

法國啟蒙運動所提出的思想、原則，也在東亞產生迴響。西元 19、20 世紀之交，啟蒙思想家的著作被傳播到中國，啟發和鼓動憂國憂民的仁人志士。康有為的維新變法，

孫中山思想和實踐，辛亥革命的發生，「五四新文化運動等」，皆體現法國啟蒙思想的深刻影響。

攻占巴士底監獄

在法國巴黎市區東部，舉世聞名的巴士底獄曾高聳於此。

▶ 法國專制王朝的象徵

巴士底獄高 30 公尺，圍牆厚實，有 8 個塔樓，而上面架著 15 門大炮，大炮旁邊堆放無數火藥和炮彈。它居高臨下，俯視著整個巴黎，活像一頭伏在地上的巨獸。反對專制制度的革命人士，大多被監禁在這裡。因此，巴士底監獄也成為法國專制王權的象徵。

巴士底監獄同時也是非常堅固的堡壘。它根據法國國王查理五世的命令而建，並按照西元 12 世紀著名的軍事堡壘的樣式而造。原先是為防禦英國人進攻，後來由於巴黎市區不斷擴大，巴士底就成為市區東部閒置的建築，失去防禦外敵的作用。到西元 18 世紀末期，它則成為控制巴黎的制高點，和關押政治犯的監獄。

▶ 壓迫與反抗

西元 1789 年 5 月，國王路易十六為募款，召開已停辦175 年之久的「三級會議」。法國國民分為三等。教士為第一

等，貴族屬第二等，其餘都歸為第三等。參加「三級會議」的代表多是工商業者、銀行家、律師等，他們提出必須限制王權，將三級會議變成國家的最高立法機關。

路易十六本想透過議會籌款，誰知反成限制權力的桎梏。路易十六震怒下，立即出動軍衛，封閉會場並停止會議。

此舉不僅未能聽取民意，反倒點燃他們積壓胸中的怒火。與會者表示必須制定保障國民權益的憲法，否則絕不罷休。國民議會於是改名為「制憲會議」，公開反抗王權。

民眾的反抗惹得路易十六暴跳如雷，他偷偷調集軍隊，準備逮捕第三等級代表，用武力強制解散國民議會。消息傳出後，巴黎民眾非常憤慨，紛紛走上街頭以遊行示威。

當遊行隊伍正行進時，突然遭到國王的龍騎兵血腥鎮壓。西元 1789 年 7 月 13 日清晨，巴黎所有教堂敲響警鐘，巴黎市民紛紛手持各種簡陋的武器，奮力抵禦軍隊，並攻占軍隊軍火庫。

深夜，巴黎大部分地區已控制在民眾手中，原三級會議的選舉人會議代表藉此聲勢，迫使原巴黎市政府共組新市政機構——常設委員會，並建立一支由 12,000 人組成的國民自衛軍。7 月 14 日，民軍包圍象徵專制統治的巴士底監獄。巴士底監獄座落在聖安東工人區的出口。囚禁大批政治犯，監獄塔樓上架設的大炮對準市區。當群眾發現一隊龍騎兵悄

悄進入巴士底監獄時，便開始進攻。監獄內的守衛負隅頑抗，激起民軍的憤怒。經過 4 個小時的激戰，巴士底獄即被占領。至此，民軍幾乎控制整個巴黎市區。

▶ 巴士底獄攻陷

7 月 15 日，巴伊（Jean Sylvain Bailly）當選巴黎市長，曾參加過北美獨立戰爭的自由派貴族拉法葉侯爵（Marquis de La Fayette）則成為「國民自衛軍」的司令。

路易十六見大勢已去，被迫下令撤軍並認可制憲議會。巴士底監獄被攻陷，象徵法國中產階級革命的開始，為紀念革命成功，法國人民將 7 月 14 日訂為國慶日。

巴黎革命的消息傳出後，各地人民紛紛起而響應。西元 1792 年 8 月 10 日，巴黎人民攻占王宮，廢除君主專制，法蘭西第一共和國建立。

＝ 兵敗滑鐵盧

西元 1815 年初，被流放至地中海厄爾巴島的拿破崙，獲悉反法聯盟在維也納會議上，由於利益分配不均發生爭執，不甘失敗的拿破崙率舊部划著小船，躲避監視厄爾巴島的波旁王朝皇家軍艦，歷經三天三夜的航行，在法國南部的儒昂灣成功登陸。

世界篇

▶ 雙方積極備戰

當地士兵見到拿破崙反倒歡呼雀躍，紛紛追隨他進軍巴黎。波旁王朝連忙派出阻擊部隊，但因其中將領多是拿破崙舊部，轉而歸附拿破崙，並迅速占領巴黎。復辟的國王路易十八見大勢已去，倉皇出逃。拿破崙重登王位。

正在維也納開會的反法聯盟各國首腦大驚失色，他們即刻停止會議，迅速結成第七次反法聯盟，集結七十萬重兵，準備分頭進攻巴黎。

英國的威靈頓公爵（Duke of Wellington）由北邊向法國進軍，另一支軍隊由普魯士的布呂歇爾（Gebhard Leberecht von Blücher）所統率，作為增援部隊由另 —— 方挺進。奧地利的施瓦爾岑貝格（Schwarzenberg）則在萊茵河畔整裝待發。作為後備軍的俄國使團，正緩慢地穿過普魯士往前線支援。

聯軍約定於西元 1815 年 6 月 20 日開始行動。另一方面，拿破崙也加緊備戰，到 6 月上旬，已有十八萬人集結鷹旗之下，並期待能擴增到五十萬人的規模。遺憾的是，過去富有作戰經驗的老將已不願再為拿破崙效力，情勢並不樂觀。

這時，原被拿破崙擊潰的普軍重新集結，增援滑鐵盧附近的英軍，直接圍攻法軍。威靈頓公爵也在滑鐵盧南面布陣，等待決戰時刻。

▶ 拿破崙退位

6月18日上午，法軍搶先開炮，向英軍右翼兵力薄弱的堡壘進行射擊。當拿破崙準備進攻英軍中軍時，情況倏地巨變，布呂歇耳率普軍趕來增援，迫使拿破崙不得不從預備軍中挪出2隊騎兵迎擊布呂歇耳。

時序推移至下午，拿破崙令內伊（Michel Ney）不惜一切代價也要攻克英軍中部，內伊不愧為「勇士中的勇士」，完成拿破崙的囑託。此時，英軍無力支撐，法軍也疲憊不堪，雙方都焦急等待援軍到來。

黃昏時分，大隊人馬由遠處飛馳而來，雙方都祈禱是友軍。那高高飄揚的是普魯士軍旗，使英軍士氣大增，精神振奮。威靈頓立即命令部隊作最後反擊，英、普聯軍熱血沸騰，向法軍進行反撲。拿破崙終因腹背受敵而潰敗，倉皇逃離戰場。

拿破崙敗歸巴黎，百萬反法聯軍也長驅直入。拿破崙第一次宣布退位，被流放到位於大西洋南部、遠離歐洲大陸的聖赫倫那島。

▶ 「重歸」法國

天才的軍事家、曾經策馬揚鞭的一代君主，如今身陷囹圄，只能在孤島上度過餘生。為打發孤寂無聊的時光，他只

能和小女孩玩遊戲，和園丁一起修剪花木。心理上的孤寂加上胃部病變，使拿破崙的健康狀況逐漸惡化，但他拒絕服用英國醫生開的藥品，最終因為胃癌病逝。

西元 1840 年，拿破崙的遺骨被接回法國，無數人冒著嚴寒、迎著風雪，護送靈柩前往塞納河畔的榮軍院。拿破崙以老兵的身份安葬於塞納洞畔，於他熱愛的法國安息。

小知識 ── 拿破崙才華出眾

拿破崙有著卓越的軍事才能，從土倫港之役到滑鐵盧戰役的 23 年間，歷經無數次戰役，大多數都是勝仗。戰爭激起各國人民的強烈反抗，也打擊歐洲封建專制勢力。而其指揮的多個戰役，對於軍事史的研究仍有極大助益。

拿破崙頗為好學，是法蘭西科學院的院士。他對數學、科學都有濃厚的興趣，他也證明了「拿破崙三角形定理」。

= 萊辛頓的槍聲

西元 1775 年 4 月 19 日，萊辛頓（Lexington）一聲槍響揭開美國獨立戰爭的序幕。

▶ 初戰告捷

在第一屆大陸會議結束後，麻薩諸塞州（Massachusetts）的人民立即行動。當湯馬士·蓋奇（Thomas Gage）及麾下的英軍控制波士頓時，麻薩諸塞議會改組為地方大會，並組織以約翰·漢考克（John Hancock）為首的安全委員會，在離波士頓 3 公里遠的康科德（Concord）舉行會議，制定革命計畫，並儲藏槍枝彈藥。湯馬士·蓋奇獲知消息後，立即命令少校史密斯前往搜查。

英軍在黎明前的薄霧中行進，經過一夜行軍早已困倦不堪。忽然，他們發現村外的草地上站著幾十個村民，他們手握長槍嚴陣以待。史密斯曉得村民是萊辛頓的民兵，人們稱他們為「一分鐘人」（Minute Man）。他們行動迅速，只要聽聞警報，在一分鐘內即可集結。

史密斯原以為英軍行動已很謹慎，但既然遇見敵軍便下令射擊，畢竟對方只有十幾個人，應不可能戰勝 800 餘人。英軍與萊辛頓的民兵交火，民兵虛射幾槍後便迅速撤離戰場，分散各地隱蔽身形。

史密斯初戰告捷，指揮士兵直奔康科德。英軍趕到鎮上時，天色已然大亮，但街上卻空無一人。史密斯下令搜查，英軍進入各家翻箱倒櫃，可卻如空城一般。原來，民兵早已轉移陣地，等待時機來臨。

▶ 槍聲響起

史密斯驚覺不對，連忙下令撤退。這時，鎮外槍聲陡然大作，附近各村鎮的民兵獲知消息已向康科德趕來，包圍正打算撤退的英軍。民兵們埋伏在籬笆後面、灌木叢中、房屋頂上、街道拐角處，利用地利掩蔽身形，不斷朝英軍射擊。但英軍看不見對手，一批又一批倒下，在向波士頓撤退途中，遭到民兵不斷襲擊。英軍狼狽不堪地逃竄。有約247名英軍在萊辛頓戰役或死或傷，其餘人則倉皇逃回波士頓。

萊辛頓的槍聲驚動大西洋沿岸的十三個英屬殖民地，美國獨立戰爭由此揭開序幕。獨立戰爭爆發後，北美十三個英屬殖民地的代表迅速在費城召開「大陸會議」，推舉華盛頓為大陸軍總司令，正式向英國宣戰。

此時，波士頓民兵還在和英軍激戰，華盛頓立即整裝出發，親臨前線指揮，給予英軍沉重打擊。這時美軍境況十分艱苦，大多數是臨時徵召的農民，沒有軍備、缺少兵火，更未受過正規軍事訓練，實力無法與訓練精良的英軍比擬。況且後勤供應也極度困難，士兵們有時一連五、六天沒有收

到乾糧、補給，只好吃飼馬的草料，寒冷的冬季不得不赤腳行軍。

英軍裝備相對精良，訓練有素，後勤供應充足。美軍不停潰敗，紐約等城市相繼失守。

▶ 薩拉托加（Saratoga）大捷

華盛頓於民心動搖之際力挽狂瀾，他團結、聯繫各州共同作戰。西元 1776 年 7 月 4 日，發表《獨立宣言》，為獨立戰爭增加原動力。

西元 1777 年 6 月，約翰·伯戈因（John Burgoyne）的部隊首先自加拿大出發，7 月攻占提康德羅加堡（Fort Ticonderoga），接著繼續前進。但在抵達距哈得遜河約 3 公里的地方時，遭到附近美軍襲擊，以致行動受到牽制。後來英軍費了 3 個星期才攻下愛德華要塞。然而，英軍的後勤供給出了問題，於是伯戈因便派出軍隊到附近大肆掠劫。當地農民在美軍軍官約翰·史塔克（John Stark）的號召下，紛紛起兵抵抗。

聖·烈治（Barry St. Leger）的隊伍較晚出發，當進軍到莫華克河附近時，在當地居民的狙擊下，無法繼續前進，只好退回加拿大。

伯戈因隊伍在愛德華要塞一帶，因供應不足而無計可施。聖·烈治在華莫克河沿岸節節敗退之時，亨利·柯林頓（Henry Clinton）最後領兵出動。在他的隊伍到達距奧爾巴尼

（Albany）約 100 公里之地時，伯戈因部隊已撤退至薩拉托加。當英軍來到薩拉托加，尚未來得及紮營安置，新英格蘭的農民手持武器趕到薩拉托加，包圍英軍。

農民軍越聚越多，數量增為英軍的四倍。彈盡糧絕的英軍於是不得不於西元 1777 年 10 月 17 日俯首請降。投降的英軍為數 5,000 人，最後被釋放回國。

▶ 英軍改變戰略

美軍於薩拉托加戰役大捷，一舉扭轉獨立戰爭的局面。與此同時，為了孤立英國，美國又多方展開外交活動，爭取法國援助。法國及西班牙的參戰，迫使英國江大部分艦隊由北美西部沿岸調往地中海、非洲、印度及加勒比海等地。不但削弱英國對北美沿岸的封鎖，也使得英國在北美沿海一帶往來調動軍隊更加困難。

西元 1777 年以後，英軍完全放棄奪取哈得遜河流域的計畫，決定將重心移向美國南部。在西元 1778 年底以前，英軍進入喬治亞州，並且占領薩凡納城（Savannah）。鞏固陣地後，便北上侵入南卡羅萊納州，包圍查爾斯頓（Charleston）。西元 1780 年 5 月，英軍終於占領查爾斯頓城，接著繼續北上，同年 8 月在坎姆登附近大破美軍。

▶ 美國獨立

當英軍在卡羅萊納等地交戰之際，另一支英軍在康沃利斯（Charles Cornwallis）的指揮下，於西元 1781 年 5 月侵入弗吉尼亞州。英軍所向披靡，並且在沿海一帶地方肆意侵略。西元 1781 年 8 月，當康沃利斯的部隊攻下約克鎮，準備紮營時，華盛頓率軍從北方趕到，在約克鎮附近和拉法業侯爵的部隊會合，包圍英軍。當時英軍本想與英國艦隊求援，但被法國派來的兩支強大的艦隊切斷聯繫。陷入重圍並且失去外援的 7,000 英軍，在康沃利斯將軍的帶領下於西元 1781 年 10 月間向美軍投降。康沃利斯部隊投降，意味著英軍主力在整個北美大陸上的潰敗。

西元 1783 年 9 月 3 日，美、英兩國在巴黎訂立和約，英國承認美國獨立，美利堅合眾國正式建國。

═ 亞當斯密的《國富論》═════

亞當斯密是英國古典政治經濟學的代表人物，他於西元 1776 出版的《國富論》，奠定了現代經濟學的基石。

▶ 亞當斯密的經歷

亞當斯密出生於西元 1723 年 6 月 5 日，蘇格蘭伐夫郡的柯科迪。他的父親是當地海關的審計員，在他出生前幾個月

即去世。母親是大地主的女兒，享壽 90 歲,。亞當斯密生前喪父，童年體弱多病，又無兄弟姐妹，一生未曾娶妻，和母親相依為命 60 年。

西元 1737 年，亞當斯密以出色的成績進入格拉斯哥大學。求學過程中，哲學教授哈奇森（Francis Hutcheson）以淵博學識與高尚人格，給亞當斯密留下了深刻的印象。哈奇森也似乎注意到了他的天資，把當時 16 歲的亞當斯密介紹給當時正在寫作《人性論》的哲學家大衛·休謨（David Hume）並向他學習。西元 1740 年，亞當斯密獲頒斯內爾獎學金，因而被推薦到牛津大學深造。此後致力於鑽研拉丁語、希臘語的古典著作，研究《人性論》等當代、古代偉大思想家的作品，蘊養堅實的哲學基礎。

西元 1748 年秋，他從格拉斯哥大學畢業後，轉任愛丁堡大學的講師，西元 1749 年他編寫一份經濟學講義，並於西元 1750 ～ 1751 年的冬天講授經濟學。西元 1763 年 11 月，亞當斯密受聘為英國財政大臣查理斯·湯森（Charles Townshend）的養子 —— 巴克勒公爵的家教，進行為期近三年的歐陸旅行。在此期間，亞當斯密根據他積累的學識、資源，開始撰寫經濟學著作。西元 1767 年 5 月，他回到柯科迪後，直到西元 1773 年 4 月這七年間，他都致力於完成《國富論》。

▶《國富論》問世

西元 1773 年春，亞當斯密攜帶初稿前往倫敦，原打算稍加修訂、潤飾便出版。但他在倫敦發現許多新的一手資料，包括西元 1774 年杜爾哥（Anne Robert Jacques Turgot）寄的「稀世珍本」——《關於財富的形成和分配的考察》。同時，西元 1773 年以後不斷加劇的北美殖民地反抗、西元 1775 年爆發的美國獨立戰爭，引起他對殖民地問題的極大關注。為此，他又花三年的時間繼續研究，對初稿進行修改、補充。

西元 1776 年 3 月 9 日，《國富論》這部經濟學巨著得以正式問世。《國富論》全稱《國民財富的性質和原因的研究》，中心思想即研究國民財富的性質和原因，以達到富國裕民的目的。亞當斯密認為，國民財富就是國家所生產的商品總量，而政治經濟學的目的在於促進國民財富的增長，兼顧個人和社會、生產者的利益，而避免犧牲某一方的利益。亞當斯密具有系統性地闡述關於價值、市場、競爭、經濟目標的分析、政治經濟學、財政學等一系列觀點，。

▶《國富論》的價值

《國富論》共兩卷，以其嚴密的行文結構、深度的解析、通俗生動的比喻和廣博有力的實證，得出「在資本主義制度下，採取自由放任的政策，努力使個人經濟和社會利益

保持一致」的結論。

亞當斯密認為增進國民財富的根本是提高勞動生產力,而提高生產率就是要改善分工和增加勞動力。因此《國富論》從分工寫起,引出他的價值觀等等。亞當斯密龐大博雜的理論,為後來諸多不同的經濟學流派立下典範,並各有千秋。

「既沒有打算,事前也不曉得,我們對私人目的的追求,便形成超過我們原有的、更大的目的。看不見的手,成為作用於人類命運的原動力。」亞當斯密創造「看不見的手」的理論。這個前提,便是將人視為「經濟人」。

「經濟人互通有無,以物易物,互相交易,是人性的根本特徵,每個人改善自身境況的一致性、恆常性和不斷的努力,是國民財富產生和增長的關鍵原因。」

亞當斯密從《人性論》出發分析人性,認為作為「經濟人」的人們,從利己主義出發最終達到利他的結果。在人類社會中存在常規秩序,經濟活動即按照這類秩序自由發展。他主張限制國家干預經濟的權力,認為國家應僅限於維護國家安全和個人競爭,以及招標公共建設工程。國家的義務,是創造能和平、安全地進行經濟活動的環境,作為市場活動「守夜人」的角色,而非主動干預經濟活動。

政府需開支就必須有收入,收入的主要來源即賦稅。亞當斯密提出稅收應遵循的四原則:公平、穩定、便利、經濟。這些原則,對以後的財政學研究有極大助益。

西元 1778 年 1 月，由於巴克勒公爵的舉薦，亞當斯密被首相任命為蘇格蘭海關專員、鹽稅專員。在任職的第一年，他就利用所獲取的專業知識，增補、修訂《國富論》中有關論述公共事務的部分，讓《國富論》再版。

西元 1784 年，亞當斯密又根據從事海關專員所獲得的資料，更詳細地論述蘇格蘭的漁業獎勵制度、特許公司和非特許公司、東印度公司等條目，產出《國富論》第三版。

西元 1786 年，亞當斯密又為《國富論》增寫《緒論及全書設計》，出版該書的第四版，這是亞當斯密生前審訂的最後版本。

西元 1790 年 7 月 17 日，亞當斯密在愛丁堡與世長辭。

═《資本論》的誕生 ═

西元 1848 年民族之春革命失敗後，馬克思和恩格斯來到巴黎，他們總結革命失敗的經驗教訓。並從中認知到要建立無產階級政權，必須打碎舊體制，建立無產階級領導的工農聯盟。這類思想對後來的工人運動具有重要意義。

➤ 沒有國籍的「世界公民」

由於馬克思領導工人運動，他也成為巴黎市「不受歡迎的人」。西元 1849 年夏末，馬克思第四次接到「驅逐出境」的命令。普魯士政府、比利時政府、法國政府均曾驅逐過

他。為此，馬克思曾憤然卸除普魯士國籍，要做一個沒有國籍的「世界公民」。

馬克思當時住在巴黎百合花大街四十五號，這一天，幾個員警奉命向他宣讀驅逐令，這對於當時的馬克思無異於雪上加霜。這並非因為法國不歡迎他，而是因為他此時正陷入「財政危機」，所有積蓄已全挪作革命經費，連傢俱也早已變賣，僅有的一套銀質餐具也典當了。而且，妻子燕妮又即將分娩，此時被驅逐的難處可想而知。

無奈之下，也就只能投奔他國。馬克思攜家帶眷，變賣所有日常用品，來到著名的霧都——倫敦。到了倫敦，仍然身無分文。因此，他們一次又一次因為付不起房租而被迫舉家遷移。

西元 1849 年 12 月，馬克思領到一張英國博物館的閱覽證，從此閱覽室就成了他的半個家，他每天從上午九點，一直工作到晚間八點左右，回到家還得整理筆記。因此他都是到深夜兩、三點鐘才休息。他曾對別人說：「我為了爭取工人每天 8 小時的工作時間，我自己就得工作 16 小時。」

▶ 為《資本論》著述

後來我們知道，馬克思在倫敦博物館裡頭，都在為著述《資本論》做準備。其實早在 1843 年，馬克思就開始研究政治經濟學。據統計，在倫敦博物館所藏圖書中，馬克思閱讀

過的書籍有 1,500 多種，他所摘錄的內容和整理的筆記則涵括 100 餘本。

為充實《資本論》的內容，他廣泛閱讀各種資料，如農藝學、工藝學、解剖學，更不用說史學、經濟學、法學。他甚至還閱讀過「藍皮書」。

「藍皮書」是英國議會專門發給議員的報告材料，因其封面為藍色，因而得稱。英國議會的藍皮書，會於固定時間下發到議員手中，對於議員來說，此書並沒有多大用處，所以在廢紙堆裡經常可以見到它們。

但對馬克思而言，要從政治經濟學的角度，去研究資本主義剝削工人的本質，因此官方材料是彌足珍貴的。藍皮書記錄英國每年、每季度的經濟報告、政策，因此是研究資本主義的一手資料。馬克思非常認真研讀，不時摘錄其中重要的資料。

▶《資本論》的出版

西元 1856 年 10 月，馬克思遷居到倫敦西北的肯蒂什鎮（Kentish Town），馬克思並未中斷寫作，他仍然沒日沒夜地在博物館裡努力。終於在西元 1867 年，《資本論》第一卷正式出版。馬克思懷著無比興奮的心情，緊緊捧住這部剛剛出版的著作。

　　《資本論》的出版，是國際共產主義運動史上的一件重要大事，它迎來了無產階級的新鬥爭歷程。

　　在這部書中，馬克思透過大量實例，詳細而深刻地分析資本主義的發展歷史，揭穿資本主義迅速發展的「祕密」，暴露資本主義殘酷剝削工人階級的黑暗面，也指出工人階級之所以極其貧困的關鍵原因。

　　書中最重要的理論之一，即「剩餘價值」學說，馬克思指出，工人以勞力換取薪資，表面上並不存在問題。但實際上，這不屬於「等價交換」，工人為資本家勞動所創造的財富，遠遠大於自己所得的報酬。若工人一天勞動所得為八塊錢，而他在一天之內為資本家所創造的利潤卻遠遠不止 8 元，這怎麼能說是「等價交換」呢？那麼這多出的利潤，即薪資之外的 8 元或 16 元或更高的金額，就是「剩餘價值」，資本家無償獲得這些利潤。

　　馬克思無情揭露資本家剝削工人的本質、手段，使得廣大工人階級更認清資本家的目的，從而願意積極為自己爭取更好的待遇。

　　馬克思在《資本論》中指出，資本主義的滅亡、無產階級的勝利都是不可逆的，是歷史發展的必然趨勢。為無產階級日後採取的革命行動，提供最大的動力。

小知識 ── 燕妮（Jenny Marx）

燕妮（西元 1814～1881 年），德國人，馬克思的妻子、助手和親密戰友。生於德國威斯特華倫一族的貴族家庭，西元 1843 年，她與馬克思結婚。為了馬克思的革命事業，她幾乎獻出自己的一切，並隨著他流亡各國，過著極其貧困、艱苦的生活。西元 1863 年，燕妮被診斷罹癌，最終於西元 1881 年在倫敦不幸逝世。

明治維新

「明治維新」一詞，是日本人從中國的古籍中摘錄並發想的。「明治」出自《易經·說卦傳》的「聖人南面聽天下，向明而治」一句。明治是日本睦仁天皇的年號。「維新」來自《詩經·大雅·文王》中「周雖舊邦，其命維新」一句，有革除舊法、實行新政之意。從字面上解釋，「明治維新」就是指發生在明治年間實施新政、改革舊制的政策。

▶ 倒幕運動

德川幕府時期，日本實行鎖國政策，自豐臣秀吉將基督教傳教士趕出日本後，連經商的外國人也無法進入日本。

到了幕府統治末期，天災不斷、民不聊生。西方殖民者這回帶來的不是《聖經》，而是堅船利炮，強行叩開鎖國長

達兩百餘年的日本國門。西元 1853 年，美國海軍將領馬修‧培里（Matthew Calbraith Perry）率領艦隊兩次闖進江戶灣，迫使日本開港通商。幕府屈服於列強的炮火，與列強簽訂許多不平等條約和關稅協定，大批農民和手工業者因為外貨的傾入而紛紛破產。

在內憂外患的雙重壓力下，日本人逐漸明白只有推翻幕府，向列強學習，才能使日本邁向富強之路。於是，一場轟轟烈烈的倒幕運動正在暗處湧動。

西元 1868 年 1 月 3 日，明治天皇出面召開有倒幕派皇族公卿、大名及下級武士參與的御前會議，頒布「王政復古」詔書，宣布廢除幕府制，組織新的中央政府。德川慶喜不甘失敗，於 1868 年 1 月集合軍隊進軍京都，結果在京都附近的鳥羽、伏見被以薩、長兩藩軍隊為主力的政府軍擊敗，4月，德川慶喜走投無路，被迫投降，政府軍進占江戶並改名為東京，次年 3 月遷都東京。明治天皇宣布新政府的施政綱領——《五條誓文》，綱領表達在政治、經濟、文化、外交等方面進行改革的展望和決心。接著，明治政府展開全面的改革運動。

▶ 明治維新的內容

日本明治維新的主要內容是：

- 實行「富國強兵」政策，建立中央集權制的國家機構。
- 改革土地制度，進行地稅制度革新。
- 貫徹「殖產興業」，大力扶植資本主義。
- 大行「文明開化」，實行教育改革。

　　明治維新推翻幕府的封建統治，建立中央集權的政體，開拓日本資本主義的發展道路，成為日本由封建專制社會進入資本自由社會的轉捩點。在民意推動下，明治政府實行一系列改革，加速資本主義的發展，從而擺脫受列強殖民的危機。但由於資產階級的安逸，和天皇尚未形成獨立政治勢力，明治維新的領導權，實際掌握在地主階級、武士集團的手中，因而使明治維新的改革並不徹底。

　　明治維新後，國家的政治、經濟等方面仍存有著大量專制遺風。土地、稅收問題沒有得到解決，地主階級持續主導政治走向。使得地主階級對內仍剝削人民，對外具有想擴張侵略的野心，日本後來走上軍國主義的道路也與此脫不了關係。

═ 共產第一國際 ═

　　「為了工人大眾的事業，各國人民必須團結一致，對付我們共同的敵人！」「我們要團結起來解放自己！」這是西元 1864 年 9 月 28 日，倫敦聖馬丁教堂裡頭，工人們相繼發言的熱烈場面。

原來，這裡正在舉行集會，聲援波蘭人民反抗沙皇統治。會議大廳裡掛滿多國國旗。當時，出席大會的馬克思看到這種場面十分亢奮，他認為有必要將全世界的無產階級聯合起來，組成工人聯盟。這次大會即為英國工人聯繫法國工人所召開，英、法工人率先發聲，鼓勵眾人團結，共同為革命而努力。

這象徵工人運動已進入新的發展時期，建立國際工人組織的時機已然成熟。

▶「第一國際」的成立

在馬克思的支持下，各國工人思想一致，大會成立「國際工人協會」，即「第一國際」，還成立其領導機構 —— 中央委員會，後改稱為「總委員會」。馬克思當選為總委員會委員，擔任德國書記。大會委託馬克思起草綱領和章程，但在此之前，還有一場風波。

本來，大會決定由總委員會領導起草綱領和章程，馬克思身體抱恙而未能參加。因此，各國代表之間便產生嚴重分歧，並未得出共識。

英國代表起草綱領時，認為應優先提升工人的社會地位，要求工人階級為經濟利益而革命；而義大利代表則要求將義大利工人協會的章程作為第一國際章程，甚至提出成立

以義大利人為首的「歐洲工人階級中央政府」，明顯只顧及義大利人民的利益，自然在第一國際中造成思想分歧。

無論是英國或義大利代表，他們所提出的問題都圍繞經濟利益，而不涉及工人階級所迫切要求的社會地位問題。而工人的政治利益才是最根本的利益，有了政治地位的保障，才能進一步改革經濟問題。

德國代表眼見難有共識，便寫信將情況告知馬克思。馬克思接到信後，立刻意識到會議背離組建第一國際的實質與意義。因此，10 月 18 日，馬克思抱病參與會議。

總委員會又經過長時間的激論，於 10 月 20 日決定由馬克思負責具體的修改。於是，馬克思不顧疾病纏身，所有文檔進行審閱、修改。經過七個晝夜後，馬克思於 10 月 28 日，向總委員會提交完稿。檔案共有兩份：《第一國際成立宣言》和《第一國際共同章程》。

總委員會在隨即召開的全體會議上，一致通過馬克思修改後《成立宣言》和《共同章程》。

《成立宣言》是第一國際的組織綱領，它對國際工人運動的具有強烈訴求。裡頭說：「奪取政權已成為工人階級的偉大使命。」國際工人階級必須團結，形成強而有力的組織，只有這樣，才能戰勝資產階級。工人階級也唯有團結，才能促進國際工人運動的發展，獲得解放。

第一國際成立後，立刻組織各國工人展開運動，掀起國際工人運動的熱潮。如西元 1866 年英國裁縫工人大罷工、西元 1867 年法國青銅工人大罷工、西元 1868 年日內瓦建築工人大罷工等，在第一國際的有力支持下，都取得革命的碩果。

第一國際在支持各國工人反對資產階級、爭取權益的同時，也在和各種機會主義者抗爭。

這些抗爭主要與普魯東主義和巴枯寧主義有關。

▶ 普魯東主義

普魯東主義的代表人物是法國的普魯東（Pierre-Joseph Proudhon），是無政府主義者的代表人物。他主張廢除政體、解散政黨，實現個人的絕對自由，不受任何約束。

無政府主義思想在法國、西班牙、義大利等國家有不少追隨者，不少人在為之搖旗吶喊。西元 1864 年秋，普魯東加入第一國際，到 1865 年 1 月即逝世。但他的信徒卻也不少人混進第一國際，而且形成不小的勢力，試圖奪取第一國際的權力，用無政府主義思想改變第一國際的成立的宗旨。如西元 1865 年 9 月，第一國際代表會議在倫敦召開，會議剛開始，就有不少人違背第一國際的綱領，如第一國際要組織工人鬥爭，無政府主義者說：「那沒有必要！各國有各國的情

況，無法指導，更無法組織。」第一國際要援助波蘭工人反對俄國沙皇的統治，他們又說：「那是波蘭工人自己的事，第一國際沒有必要列入議程。」

第一國際總委員會，以及第一國際的代表們感到奇怪，為何這些人會與組織共識相悖？經過調查後，發現是法國第一國際支部所派來的，都是普魯東主義者。

認清他們的身份與目的後，馬克思尖銳的駁斥他們。馬克思指出，各地工人階級的鬥爭，是第一國際總行動的一部分。

第一國際綱領中表明進行政治抗爭的必要性，不進行政治抗爭，就無法使被壓迫的無產階級被解放。政治抗爭是第一國際的目標，今後仍要全力支持各國工人的革命。至於援助波蘭工人的抗爭，也是第一國際爭取民族解放的主要任務。第一國際要反對專制、反對剝削，提倡被壓迫者的徹底解放，創造人人平等的大同世界。

經過激辯，大會代表一致通過支持波蘭工人的決議。普魯東主義者則萎敗。

但普魯東主義者並不甘於失敗，他們又提出問題。他們說：「第一國際是工人組織，因此，應全由體力勞動者參加，不應該吸收智力勞動者。」他們的目的，是想排除馬克思、恩格斯等知識份子。

馬克思又痛斥他們，指出排斥知識份子，就是屏除知識。那麼，工人運動就會變得魯莽、野蠻，結果只能走向失敗。在全體代表的支持下，普魯東主義者無話可說，不少人轉為支持第一國際。

▶ 巴枯寧主義

第一國際所開展的第二個鬥爭，是與巴枯寧主義的鬥爭。

巴枯寧也是一個無政府主義者，曾參加過奧地利西元1848年的民族革命，但被捕後三次寫信給俄國沙皇，乞求政府寬恕。後逃竄到英國，加入第一國際。

西元1868年10月，巴枯寧在日內瓦背著第一國際，組織「社會主義民主同盟」組織，大肆宣傳「廢除國家」、「階級平等」、「主張個人絕對自由」等無政府主義思想，還派人到義大利、西班牙、法國等國建立分部。巴枯寧的目的是提升自身的威望，奪取第一國際的領導權。西元1868年12月，他還給馬克思寫了一封信，恭維馬克思並希望馬克思接納「社會主義民主同盟」所有成員，集體加入第一國際。

馬克思接到信後，立即意識到巴枯寧別有用心。於是，他代表第一國際總委員會，給巴枯寧回信，告訴他：第一國際本身即是國際組織，內部不能再容納其他國際組織。進一步拒絕巴枯寧的無理要求。巴枯寧表示同意，並「解散」社會主義民主同盟，但他暗地裡操弄心腹以個人身份加入第一國際。

他最終等到機會來臨，於西元 1869 年，第一國際在瑞士巴塞爾召開大會。巴枯寧的手下便偽造證件、冒充代表，試圖取得多數選票，排除馬克思及總委員會幹部。馬克思發現後立刻予以斥責，並揭穿他們的陰謀。最後，巴枯寧主義者的反動也以失敗告終。

第一國際在抗爭中不斷壯大，更加有力地團結各國工人，支持各國無產階級的革命。在世界各國的工人運動中，位居領導地位。

小知識 —— 第一國際的權力機構

第一國際的最高權力機關是全協會代表大會。代表大會閉會期間，由代表大會選出的總委員會執行大會決議，並監督每個國家恪守基本原則。總委員會設有主席（西元1867年由馬克思提議取消）、總書記和通訊書記。總委員會內設常設委員會，又稱小委員會，由主席、總書記和各國通訊書記組成。各國的中央委員會稱為聯合委員會，下設分部、支部或小組。

第一國際在每個國家都依靠現有的工人組織如政黨、工會、工人教育協會、互助會、合作社以及新建立的支部，維繫在各國的社會主義思想傳播。

═ 美國南北戰爭 ═

　　西元 18 世紀獨立戰爭勝利後，美國建立聯邦制，由貴族、富人和莊園地主共同執政。不過南北兩地依舊各行其道，美國南方在莊園經濟的基礎下維持黑奴制，而北方則發展資本主義的自由雇傭制。到西元 19 世紀中葉，兩種對立的經濟制度，彼此之間的矛盾被極端激化，於是南北雙方爆發內戰，史稱「南北戰爭」。

▶ 南北戰爭的社會背景

　　美國原為英屬北美殖民地，西元 1775 年爆發反英革命，並於次年宣布脫離英國而獨立。宣布獨立尚不足一百年便發生內戰的原因，雖具有政治、經濟、思想文化的差異，但歸根結底，在於南北雙方經濟制度之間的差異，由此而引起的社會矛盾和政治衝突。

　　早在美國獨立前，英屬北美殖民地的經濟結構中，便具有資本主義和奴隸制兩種的對立。只因資本主義發展尚未成熟，與英國的民族矛盾凌駕於奴隸制之上。獨立後建立聯邦制，原先經濟發達的東北部地區，逐步確立資本主義的生產模式，西部新開發地區也以資本主義經營農場，南部地區則維持奴隸制的莊園體制，從而使美國經濟以迥異的方向同時發展。

進入西元 19 世紀後，隨著美國領土不斷擴張，資本主義經濟的成熟發展，資本主義與傳統地主的矛盾日漸惡化，尤其體現在爭奪新領地的現象。

▶ 對土地的爭奪

莊園經濟的特點之一，就是對土地的掠奪，使肥田沃土在短時間之內便成為貧瘠之地。為維持和擴大奴隸制經濟，地主需要不斷擴張土地。

西元 1803 年，美國政府收購法屬路易斯安那地區。這片東起密西西比河，西迄洛磯山脈，南達墨西哥灣，北抵加拿大的廣闊土地，成為南北聯邦爭奪的首要目標。

西元 1819 年，密蘇里州申請加入聯邦，引起美國國會的內部爭論。資產階級代表要求實行資本主義制度，而地主代表則希望推行奴隸制。雙方於 1820 年妥協：密蘇里作為蓄奴州加入聯邦，同時，從麻薩諸塞州劃分土地成立一個新州，即現在的緬因州，作為自由州加入聯邦，北緯 36° 30 以北，嚴格禁止奴隸制。

這便是歷史上有名的「密蘇里妥協案」的主要內容。由於它實際上擴充實行奴隸制的地域，而在政治上又使兩方勢力取得平衡，因此矛盾暫時和緩。

西元 1846 ～ 1848 年，美國透過侵略戰爭，從墨西哥掠奪 87 萬平方公里的土地。西元 1853 年，又收購墨西哥 71 萬

平方公里的土地。現在的加利福尼亞、內華達、猶他、亞利桑那州等全域,和懷俄明、科羅拉多及新墨西哥州的一部份,即為這兩次土地掠奪的成果。新土地的獲取又引起南北之間的鬥爭。

　　早在侵略墨西哥戰爭初期,美國國會於討論戰爭撥款法案時,民主黨人威爾莫特曾提出,不得在從墨西哥獲得的土地上實行奴隸制的附加條款,當即遭到地主代表強烈反對。而地主代表提出實行奴隸制的主張,也被資產階級代表堅決拒絕。後來雖然有妥協的方案,但雙方的根本矛盾並未解決。

▶ 經濟掠奪

　　在經濟方面,資產階級為保護本國經濟的發展,加強對歐洲商品的外銷競爭力,主張實行高關稅;奴隸主則希望獲得廉價原料,因而要求對工業原料進口實行低關稅。雙方曾圍繞關稅問題進行爭辯,地主勢力逐步占據優勢,進口稅率由西元 1828 年的 44%,降低到西元 1858 年的 20%,次年又降至 19%。

　　和關稅問題緊密相連的,是關於市場的問題。北部的工業資本家為和歐洲爭奪外匯資本,在主張保護關稅的同時,希望盡力維持並開闢國內市場。而莊園經濟因自給自足,則將消費壓至最低限度,妨礙國內市場的統一和擴大。

同時，資本主義和莊園經濟並存，造成社會階級之間的矛盾。莊園買賣奴隸進行生產，奴隸全是黑人或黑、白混血，他們不但受殘酷的經濟剝削，且遭受沉重的政治壓迫，沒有人身自由和政治權利。地主可以隨意處罰、殺死奴隸而不受法律制裁。而奴隸作為地主的財產，也可以自由買賣。

為了幫助黑人奴隸逃脫魔掌，白人平民、自由的黑人和富有人士，聯合組成祕密運送逃亡奴隸的「地下鐵道」，幫助奴隸逃到北部或加拿大以獲得自由。據估計，西元 1830～1860 年間，經地下鐵道獲得自由的奴隸有 6 萬多名。原為奴隸而在西元 1849 年逃到北方的哈莉特・塔布曼（Harriet Tubman），積極活躍於地下鐵道的救援任務。她在 8 年間隻身南下共 19 次，協引 300 名奴隸奔向自由，因此被黑人奴隸譽為「摩西」。

▶ 林肯當選

西元 1860 年 11 月，呼籲維護聯邦統一、反對奴隸制擴張的共和黨人林肯，當選美國第 16 屆總統。林肯的當選引起南方奴隸主極大的恐慌，他們決定在林肯正式就職前製造分裂、發動叛亂，以戰爭來維護奴隸制度。

西元 1860 年 12 月，南卡羅萊納州首先發難，退出聯邦，接著密西西比、喬治亞、阿拉巴馬、佛羅里達、路易斯安那、德克薩斯等六個蓄奴州，也宣布相繼脫離聯邦。西元

1861 年 2 月，退出聯邦的七州代表，在阿拉巴馬州的蒙哥馬利城召開代表大會，宣布成立「美利堅諸州同盟」，即「南部同盟」，推舉莊園主傑佛遜‧戴維斯（Jefferson Davis）為總統。此後，弗吉尼亞、阿肯色、北卡羅萊納和田納西等蓄奴州也先後退出聯邦，「南部同盟」達到十一個州的規模，並以弗吉尼亞的里士滿為首都。

一開始，林肯試圖與莊園地主尋求和談。在西元 1861 年 3 月 4 日的就職演說中，林肯強調絕不使聯邦分裂，另一方面向南、北保證，他所組織的政府不會直接干預奴隸制度。但是，南方聯盟不願作出任何妥協，決心用戰爭鞏固並擴大奴隸制。

▶ 戰爭爆發

西元 1861 年 4 月 12 日，「南部同盟」首先炮擊並占領查爾斯頓港口的薩姆特堡壘，公開挑起國內戰爭。4 月 15 日，林肯被迫宣布南方各州為叛亂州，下令徵召 75,000 名志願軍，號召人民為恢復聯邦的統一而戰。人民群起響應，各地工會積極動員工人參加反對南部同盟的抗爭。

費城工會也通過決議，誓與南部奴隸主抗爭到底，他們立即組織工人聯隊奔赴前線。聯邦軍隊迅速組織三十多萬人的隊伍。

就南北雙方實力對比，北部占有絕對優勢。北部 22 個州擁有人口 2,200 萬；南部 11 州人口僅 900 萬，其中黑人奴隸就

有 383 萬。在經濟方面，北部占全國生產總值的 75％，全國鐵路運輸的 70％，這是北部取得內戰勝利的物質條件。優勢雖在北部，但內戰第一階段的軍事主動權卻掌握在南部手中。

西元 1861 年 7 月，南北雙方軍隊在距首都華盛頓四十公里的馬那薩斯城展開第一次大會戰，聯邦軍隊三萬人由麥克萊倫（George B. McClellan）指揮迎戰南部同盟軍，聯邦軍大敗，同盟軍乘勢向華盛頓進軍。

造成這種形勢的原因，其一是北部沒有戰爭意識，而南部早已做足準備；其二是內戰爆發後，林肯將恢復聯邦統一作為唯一訴求，不觸及現存奴隸制，甚至在軍隊中拒絕徵集和組織黑人軍隊。

西元 1862 年 1 月，林肯發布對南部進攻的第一號作戰命令。在西線，格蘭特（Ulysses S. Grant）率領聯邦軍沿密西西比河向南推進；巴特勒將軍率另一路聯邦軍由海上進攻密西西比河口的紐澳良。5 月，兩路軍隊在紐澳良會師。但在東線，6 月 26 日～7 月 2 日，里士滿城下之役，聯邦軍隊的麥克萊倫將軍和南部名將羅伯特·李（Robert Edward Lee）苦戰 7 天，北方軍隊慘敗，聯邦軍不得不退守華盛頓，紐澳良再落叛軍之手。

聯邦軍屢屢戰敗，激起人民的強烈不滿，北方陷入風暴之中，人們紛紛指責林肯與北方聯邦政府。前線失利和群眾情緒的高漲，推動林肯政府放棄不談黑人奴隸解放的政策。

▶《解放黑人奴隸宣言》的發表

西元 1862 年 9 月 24 日，林肯終於發表《解放黑人奴隸宣言》，嚴肅宣告：南方叛亂諸州的奴隸，從現在起永遠獲得自由。與此同時，林肯還採取一系列的措施，以求擊敗叛亂分子：

- **實行《宅地法》**：規定所有忠於聯邦的美國成年公民，只需繳納 10 美元的登記費，即可在西部領取 160 英畝的土地，穩定耕種 5 年後，即可收為私產。
- **黑人可從軍**：黑奴可自由加入聯邦軍隊。南、北的黑人歡呼雀躍，大批湧入聯邦軍隊，充實兵力。
- **實行《徵兵法》**：規定凡 20 ～ 45 歲之間的男子，都有當兵的義務。北方軍隊迅速擴大到上百萬人。此外，林肯還將各軍區的分部指揮，改為全國統一指揮，任命格蘭特將軍為「全軍大將軍」，統一指揮全國所有軍隊。

林肯政府的革命措施，大大激發人民相信能戰勝南方叛軍的信心。北方有 60 萬工人從軍，18 萬黑人奴隸直接參軍，25 萬黑人擔任後勤；南方還有 50 多萬黑人逃離莊園，在敵人後方展開遊擊戰。北方迅速扭轉頹勢。

西元 1863 年夏，聯邦軍隊轉為反攻。7 月 1 ～ 3 日，在東線戰場，米德（George Gordon Meade）指揮的 12 萬北方大

軍，與羅伯特‧李的 9 萬南方大軍在葛底斯堡交戰，聯邦軍大捷，殲滅同盟軍 3,000 人。7 月 4 日，在西線戰場的聯邦軍隊攻陷密西西比河下游的維克斯里，南方同盟軍 29,000 人投降，從而粉碎同盟軍的進攻力量，扭轉戰局。

西元 1864 年春，聯邦軍隊採取新的戰略計畫。格蘭特將軍命令巴特勒將軍率領東線軍，自己則親自指揮部隊，從北線向南部同盟首都里士滿發動進攻。9 月，格蘭特又命令英勇善戰的薛曼（William Tecumseh Sherman）率部攻人南方腹地，占領喬治亞首府亞特蘭大，隨後向海岸進軍。12 月 21 日，薛曼將軍占領薩凡納港，切斷敵人後勤補給，使南部陷入癱瘓。

西元 1865 年 4 日，聯邦軍隊在格蘭特將軍指揮下，勢如破竹，捷報頻傳。而叛軍則節節敗退，潰不成軍。4 月 2 日深夜，南方同盟的「總統」戴維斯（Jefferson Davis）逃離里士滿。4 月 3 日，聯邦軍隊占領里士滿。4 月 9 日，同盟軍總司令羅伯特‧李率其殘部在弗吉尼亞州的阿坡馬托克，正式向格蘭特將軍投降。不久，各地南方軍隊相繼放下武器，歷時 4 年之久的南北戰爭宣告結束。

小知識 ── 林肯遇刺

　　西元 1864 年 11 月 8 日，林肯再次當選美國總統。然而，林肯還未把他的戰後政策付諸實踐，悲劇即發生。西元 1865 年 4 月 14 日晚間 10 時 15 分，林肯在華盛頓福特劇院遇刺，凶手是一個支持南方聯盟的精神錯亂的演員。1865 年 4 月 15 日，亞伯拉罕·林肯去世，時年 56 歲。林肯去世後，他的遺體在十四個城市供群眾憑弔兩個多星期，後被安葬在普林斯菲爾德。

近代時期

俄國十月革命

西元 20 世紀初，俄國已是帝國主義國家，但經濟發展仍較落後，存在濃厚的封建農奴制遺風。對外關係層面，俄國帝國主義既富侵略性，又對西方帝國主義有依賴性。因此，俄國社會的各種矛盾錯綜複雜地交織。俄國也成為帝國主義各種矛盾的焦點，並已形成用革命解決矛盾的現實社會力量。

俄國無產階級深受壓迫，具有強烈的反抗性，是革命的領導階層。占全國人口多數的農民是無產階級的同盟軍。俄國無產階級創立革命政黨 —— 布爾什維克黨。以馬克思主義為核心，累積豐富的革命經驗。列寧透過分析資本主義國家通常政治發展不平衡的規律，提出社會主義可能在少數甚至單一資本主義國家首先獲得勝利的理論，鼓舞俄國無產階級向資本主義展開反抗。

▶《四月提綱》

西元 1917 年 3 月（俄儒略曆 2 月），俄國爆發第二次民主革命，推翻沙皇專制，形成既有蘇維埃政權，又有資產階級臨時政府的兩個政權並存的局面。

西元 1917 年 4 月 16 日，列寧由國外回到彼得格勒。第二天，他發表〈論無產階級在這次革命中的任務〉。報告提綱公布在《真理報》上，這就是著名的《四月提綱》。

這個提綱為布爾什維克黨、無產階級，提供了從民主革命向社會主義革命轉變的明確方針。列寧認為當時的革命可能以和平發展。他提出「全部政權歸蘇維埃」的口號，目的是驅逐地主和資產階級政權，結束兩個政權並存的局面，進而擴大和布爾什維克黨在蘇維埃的影響，剝奪孟什維克和社會革命黨分走的權力，從而把蘇維埃變成無產階級專政的機關。在 5 月召開的布爾什維克黨第七次全國代表會議上，列寧的主張得到代表們的擁護。基於《四月提綱》和 4 月代表會議決議，布爾什維克黨大肆行動以爭取教育和組織群眾，為革命做準備。

▶「七月事件」

西元 1917 年 5 月 1 日，臨時政府外交部長米留科夫（Pavel Nikolayevich Milyukov）照會協約國，聲稱臨時政府「將充分遵守對協約各國所承擔的義務」，「讓世界戰爭徹底勝利」。5 月 3 日，照會公布，激起人民群眾憤怒。連續兩天，彼得格勒 10 萬工人和士兵舉行示威遊行，反對帝國主義戰爭，要求全部政權轉歸蘇維埃。

在群眾的壓力下，臨時政府被迫撤銷米留科夫等人的職務。接著成立有孟什維克和社會革命黨人共組的聯合政府。這次彼得格勒工人、士兵大示威意味著臨時政府危機的開始。

西元 1917 年 7 月 1 日，彼得格勒五十萬群眾進行聲勢浩大的示威遊行。孟什維克和社會革命黨人本企圖使這次示威在「信任臨時政府」的口號下進行，絕大多數示威群眾打出的標語卻是「全部政權歸蘇維埃」、「打倒十個資本家部長」。

臨時政府不顧民意，於 7 月 1 日在西南前線發動對同盟國的大規模進攻。但這次軍事冒險慘敗，消息傳到首都，群情激憤。7 月 16 日，彼得格勒軍區第一機槍團率先集會決議，準備武裝抗爭。其他團隊和工人也準備行動。但布爾什維克黨考慮到以武力奪取政權的時機尚未成熟，決定先引導群眾進行和平示威。

7 月 17 日，首都 50 萬群眾舉行示威遊行，臨時政府出動軍隊屠殺示威群眾。隨後又實行大逮捕，強行卸下工人武裝，摧毀《真理報》編輯部和印刷廠，並下令通緝列寧。布爾什維克黨順勢化明為暗。

▶ 確定初步戰略方針

「7 月事件」象徵兩個政權並存局面結束，政權集中於反革命的臨時政府手中，被孟什維克和社會革命黨人控制的蘇維埃政權，則成臨時政府的附庸，俄國革命和平發展的可能性消失。自此，革命運動進入武力奪取政權的新階段。

俄國國內政治形勢急劇變化，使得布爾什維克黨制定新的方針。西元 1917 年 8 月 8 日～16 日，布爾什維克黨在彼

得格勒召開第六次代表大會。列寧由於受到通緝而未能出席，但被大會推舉為名譽主席，並於實質意義上領導這次代表大會。大會對「7月事件」後的形勢和今後的方針進行討論，確立武力抗爭的策略。決定用「政權轉歸無產階級和貧苦農民」的口號取代「全部政權歸蘇維埃」的口號。大會號召工人、農民和士兵立於布爾什維克黨的旗幟下，準備和資產階級進行抗爭。

革命初步勝利

臨時政府為尋求鞏固政權的機會，並順勢動員反革命力量徹底鎮壓革命，於8月25日～28日，在莫斯科召開「國務會議」，臨時政府總理克倫斯基宣稱要用「鐵和血」的手段重建秩序。

會議結束後，俄軍最高總司令科爾尼洛夫回到莫吉廖夫（於今白俄羅斯）大本營，積極策劃軍事政變，企圖實行軍事獨裁統治。他先令前線俄軍放棄里加（於今拉脫維亞），為德軍進入彼得格勒敞開大門。隨後以保衛首都為藉口，調動哥薩克第三騎兵團及高加索山民組成的「野蠻師」，於9月7日進軍彼得格勒，同時向克倫斯基政府發出最後通牒，要求臨時政府解散，將全部權力交給最高總司令。

危急關頭，布爾什維克黨迅速動員六萬多名工人赤衛隊和士兵嚴陣以待，並派出大批宣傳員，到叛亂部隊中進行宣

傳。受騙的士兵了解事情真相後，拒絕進攻首都，並紛紛調轉槍口對準反動軍官，最後科爾尼洛夫也成了階下囚。

▶ 蘇維埃獲得新生

　　粉碎科爾尼洛夫的野心，大大提高布爾什維克黨的威信。在彼得格勒、莫斯科和其他城市及工業中心的蘇維埃選舉中，布爾什維克均獲得多數票。

　　在俄國接壤歐洲區域，90%以上的縣都爆發農民奪地搶根的鬥爭。許多部隊的士兵趕走軍官，成立士兵委員會。靠近彼得格勒、莫斯科的西方、北方戰線的士兵，波羅的海艦隊水兵以及後方衛成部隊，大都接受布爾什維克黨的政治主張。

　　於國際上，各國帝國主義正疲於彼此制衡，無暇向俄國革命發動進攻，革命抗爭的時機已然成熟。布爾什維克黨重新提出「全部政權歸蘇維埃」的口號，並積極準備武裝革命。

▶ 起義爆發

　　9 月 25 日～ 27 日，列寧由芬蘭寫了兩封信給布爾什維克黨中央 ——〈布爾什維克應當奪取政權〉與〈馬克思主義和革命〉，指示中央要將武裝革命排入期程，並說：「若我們現在不奪取政權，歷史是不會饒恕我們的。」

　　10 月 20 日，列寧暗中回到彼得格勒，直接領導武裝革命。

10 月 23 日，在布爾什維克黨中央委員會會議上，通過發動武裝革命的歷史性決議。為領導革命，成立由列寧、托洛茨基、季諾維也夫、加米涅夫、史達林、索柯利尼科夫和布勃諾夫等五人所組成的政治局。10 月 25 日，托洛茨基領導的彼得格勒蘇維埃政權，成立軍事革命委員會，成為武裝革命的公開司令部。10 月 29 日，布爾什維克黨中央召開擴大會議，重申發動革命的決議，成立由斯維爾德洛夫、史達林等五人組成的革命軍事總部。

正當全黨積極準備武裝革命時，10 月 31 日《新生活報》刊載〈尤‧加米涅夫談「革命」〉的訪談。加米涅夫以本人和季諾維也夫的名義，聲明不贊成黨中央關於革命的決議，從而洩露了機密。

臨時政府聞訊後，立即調動軍隊，採取破壞反抗軍組織的措施。但革命的戰鬥隊伍已經完成組織，臨時政府的任何措施都無法阻擋這股革命洪流。

11 月 6 日，彼得格勒武裝革命爆發。到 11 月 7 日清晨，除冬宮等少數地點，幾乎整個首都皆已被控制。克倫斯基乘坐美國大使館的汽車，倉皇逃出彼得格勒。晚間九點四十五分，停泊在尼古拉耶夫橋邊的「阿芙樂爾」（曙光號）巡洋艦放出攻打冬宮的信炮，赤衛隊員和革命士兵開始對冬宮的總攻擊。次日凌晨二時，革命軍攻下冬宮，逮捕正在開會的

臨時政府的部長們。

11 月 7 日，全俄工人、士兵參與的第二次代表大會在斯莫爾尼宮舉行。大會發表《告工人、士兵和農民書》，宣布臨時政府已被推翻，全部政權轉歸蘇維埃手中。會上成立第一屆蘇維埃政府 —— 人民委員會，列寧當選人民委員會主席。彼得格勒革命的勝利，有力地推動全國展開革命。從西元 1917 年 11 月至 1918 年 2 月至 3 月，從城市到農村，蘇維埃政權在全國各地陸續插旗。

▶ 歷史意義

十月革命的勝利衝破帝國主義的陣線，創建世界上第一個實行社會主義的國家。列寧致力於實踐馬克思的理論，領導布爾什維克在俄國奪取政權，建立世界上第一個共產主義政權。

從西元 1917 ～ 1989 年，共產主義力量在世界持續擴展，地球上幾乎 1/3 的人都生活在共產主義的旗幟下。十月革命打破資本主義為主流的局面，向世界宣告理想制度也能成為現實。從此世界歷史進入由資本主義向社會主義過渡的新時期。

十月革命的勝利對全世界產生深遠的影響。十月革命後，各國無產階級、被壓迫的民族爭取解放的意志蓬勃高漲。德國、奧地利、匈牙利、土耳其、埃及等殖民地、半殖民地人民掀起民族解放運動的新浪潮。

小知識 —— 列寧遭遇刺殺

西元 1918 年 1 月 14 日，列寧在彼得格勒完成演講後，和瑞士共產黨人弗里茨·普拉廷共同乘坐一輛汽車，在經過一座橋時，突遇十二名不明身份的槍手猛烈射擊。普拉廷忙將列寧的頭部按在座位下，而他掩護列寧的手卻被打得鮮血直流。事後未能抓獲槍擊者，也未能確定殺手的身份。

西元 1918 年 8 月 30 日，列寧在首都莫斯科郊外的米赫爾松工廠，發表對工人的演講後，方要踏上汽車，一位女性上前攀談。列寧正在對話時，突發三聲槍響。第一發子彈擊中列寧左肩，第二發擊中他的左胸並穿頸而過，第三發卻打中正在與他談話的女性。列寧當即倒地失去意識。第二發子彈的位置取出風險很大，子彈雖沒有刺穿左肺，但因血液流入肺臟，情況仍很危急。此次暗殺事件使列寧的健康狀況惡化。

目前多數歷史學者認為，盲人女殺手范妮·卡普蘭是開槍射擊列寧的凶手，她是社會革命黨員。事件發生不久後即被逮捕，她承認自己刺殺列寧，並表示完全是個人所為，刺殺原因是認為列寧是「革命的叛徒」。卡普蘭於 9 月 3 日被槍決，屍體被焚毀。

= 第二次工業革命 =

第二次工業革命約從西元 1860 年代開始，在西元 19 世紀末和 20 世紀初結束。電能的應用和電力工業的發展，是近代科學史上第二次工業革命的核心面向。

▶ 電的出現

西元 1831 年，英國物理學家法拉第（Michael Faraday）發現電磁感應現象，從而提出電磁感應定律，證明機械能可轉化為電能，提供發電機理論的基礎。西元 1873 年，英國物理學家麥克斯韋（James Clerk Maxwell）發表《電磁學通論》。系統性總結電磁學理論的經典著作，其科學價值與牛頓的《自然哲學的數學原理》、達爾文的《物種起源》同等重要。電磁學的發展，也促進電能的實際生活應用。

西元 1866 年，德國工程師西門子（Ernst Werner von Siemens）發明自動式直流發電機。西元 1873 年，克拉姆（Donald James Cram）又發明電動機，將電能轉化為機械能，使電能能推動工廠機器運轉，從而改善動力設備的生產效率。

西元 1880 年代後，電動機開始用於交通運輸。在工廠、礦區，電動機逐漸取代蒸氣機帶動各種機械，為機械化提供動力，使工廠、採礦等工業生產效率大大提高。

電磁理論的普遍傳播，也促進電訊事業的蓬勃發展。西

元 1825 年，英國電子家思特金（William Sturgeon）利用電流磁效應發明電磁鐵。西元 1836 年，英國科學家丹尼爾（John Frederic Daniell）改造伏特電池，使它能提供恆穩的電流。

摩斯（Samuel F.B.Morse））還將文字符號轉化為電碼，即「摩斯密碼」。西元 1845 年，在華盛頓和巴爾的摩（Baltimore，位於馬里蘭州）之間，架設第一條電報線路。到西元 1870 年，已經具備廣泛的電報通訊網，改善人們之間的緊密資訊聯繫，使距離不再成為阻礙。西元 1876 年，美國人貝爾（Alexander Graham Bell）首先獲得電話的專利權。西元 1878 年，經愛迪生改造的電話機，在波士頓到紐約之間約 300 公里的距離，已能進行長途電話通訊。

▶ 化學工業的發展

化學工業的發展，是第二次工業革命中的重大成就。西元 1867 年，瑞典化學家諾貝爾，研製信號雷管、地雷，並發明甘油炸藥。西元 1880 年代時又屢經改良，發明無煙火藥的技術。新型炸藥被廣泛用於開採礦山、開築道路和軍事行動，促進軍工業的發展。到西元 1909 年，英國生產的染料，已無法滿足本國紡織工業的需求，90％的染料皆由德國進口。德國從西元 1900 年開始大量出口化學合成染料，每年的利潤的外匯約為 1 億馬克。德國先後合成出尿素、電石、尼龍、人造絲、DDT、橡膠、除草劑等。

世界篇

　　化學工業在美國十分發達，西元 1869 年，海厄特（John Wesley Hyatt）創造賽璐珞（可塑樹脂）；西元 1906 年，美籍比利時人貝克蘭創造電木（酚醛樹脂）；西元 1916 年，美國已實際運用「熱裂解」（pyrolysis），提高精煉石油的產量。西元 20 世紀初，高分子理論廣泛實踐於工業生產，化學合成工業在許多國家蓬勃興起。

▶ 工業動力

　　西元 1876 年，德國人尼古拉斯・奧托（Nicolaus Otto）成功製成第一臺四衝程內燃機。隨後，德國工程師狄塞爾（Rudolf Christian Karl Diesel）於西元 1897 年又製造出高功率的柴油機。內燃機的發明，除提高工、農業的機械產能效率外，還促進交通工具的巨大革新。

　　西元 1886 年，德國工程師戴姆勒（Gottlieb Wilhelm Daimler）與其合作者邁巴赫（Maybach）發明高速發動機。西元 1883 年，戴姆勒製成第一臺摩托車，次年，他發明汽油引擎驅動的木製輕便遊覽車，具備四輪配置與傳統馬車的樣子。於西元 1887 年 3 月 4 日從坎施達特駛往斯圖加特。這是人類歷史上的第一臺汽車。

　　德國發明家卡爾・賓士（Karl Friedrich Benz），於西元 1886 年在德國曼海姆製造一臺三輪汽車。西元 1890 年代於法國、奧地利、義大利和英國也開始製造汽車，交通工具逐漸

從馬車過渡到近代汽車。

　　汽車的普遍發明，徹底改變城市的交通環境。加上公路運輸網的興建，道路、橋梁的發展，使城市和鄉村的連繫大大增強，農村封閉、落後的境況得以改善。汽車的功能在西元 20 世紀影響力逐漸擴大。

　　西元 1903 年，美國萊特兄弟駕駛一架由四缸汽油引擎驅動，木製的雙層飛機，並首次試飛成功。儘管當時只飛行 59 秒，飛行高度僅 3 公尺，航程僅 260 公尺，但它在飛行史上具有劃時代意義。

　　內燃機等發動機械，特別是柴油機發明後，促進農業自動化的發展。西元 1910 年，拖拉機成批生產，促進農用機械的製造、應用，加速農業機械、自動化的進程。

＝ 壟斷的產生 ＝

　　第二次工業革命的經濟助益，體現在生產力的提升，及促使資本主義迅速發展。西元 19 世紀末至 20 世紀初，各國的工、農業都有不同程度的成長。其中，美國、德國的現代工業發展速度領先全球。

　　科學技術的迅速發展，促使重工業興起和企業規模擴大。隨著企業規模擴大，工具資本需求也愈高，隨之產生股份公司的集資經營方式，並於全球廣泛應用。股份公司的

成立及擴展，使國家財富資本集中化，並產生激烈的市場競爭。

財富資本的集中，引起市場的壟斷。所謂壟斷組織，一般指大企業間為獨占生產線和市場，及獲取高額利潤而聯合組成的經濟同盟。壟斷組織有多種形式，比如生產同類商品的大企業，透過簽訂商品定價、銷售市場、生產規模等協定，隨之建立的組織為「卡特爾」（Cartel）；同一生產部門的少數大企業，透過簽訂統一銷售商品和原料採購的協定，所建立的組織稱為「辛迪加」（Syndicat）；由若干生產同類商品的大企業，或產品有密切關係的大企業合併的組織稱為「托拉斯」（Trust）。

道威斯計畫（Dawes plan）規定，德國於西元 1924 至 1925 年的賠款數額為 10 億馬克，並逐年增加，至西元 1928 到 1929 年已增至 25 億馬克；德國支付賠款的主要來源是稅收，少部分為鐵路和工業的收益。道威斯計畫實行以後，法、比兩國由德國魯爾區撤軍。魯爾區軍事危機和德國賠款問題暫得和緩。道威斯計畫的實施，實際上是協約國在賠款問題上，對凡爾賽合約所做的調整，原先為削弱德國國力，後轉化為復甦德國經濟的政策。

西元 1924 ～ 1929 年，德國僅支付 100 多億馬克的賠款，卻從英、美兩國獲得 200 多億馬克的貸款和投資額。德國的經濟隨後迅速復甦，到西元 1929 年躍升歐洲經濟大國，政治

上重新回歸大國的行列，也進一步擺脫凡爾賽和約的桎梏。後來還有取代道威斯計畫的楊格計畫，但是因為經濟危機，德國賠款計畫不了了之。

羅斯福新政

面對經濟危機和市場的不景氣，胡佛（Herbert Clark Hoover）仍奉行自由放任的經濟政策，無力扭轉經濟頹勢。人民不滿的情緒高漲，開始期望有新的政府，採取有力的政策迅速改善經濟。民主黨候選人羅斯福以「新政」為競選口號，贏得廣泛支持，於西元 1933 年就任美國總統。

為盡快擺脫困境、復甦經濟，羅斯福政府對國家經濟加強干預，在金融、工業、農業和社會福利等各方面推行改革，史稱「羅斯福新政」。

羅斯福就職後，下令整肅銀行業，淘汰小銀行並扶持實力雄厚的大銀行。政府對銀行存款進行擔保，使銀行信用逐漸回升。羅斯福政府還規定，國家於豐收時收購農產品，歉收時出售農產品。同時，為解決滯銷問題、穩定農產品價格，政府以貸款優惠補償農民的損失。

羅斯福新政的改革根本，是美國為克服經濟危機，在維護資本主義體系的前提所做的調整。並不能完全改善經濟困境，但能夠暫緩戰後的經濟衰退。

新政減緩經濟大恐慌對美國經濟結構的嚴重破壞，恢復社會的基本生產；其次，緩和社會矛盾，遏制美國的法西斯主義奪權，鞏固民主統治；再者，對經濟結構加強干預的政策，對許多採民主政體且行放任經濟政策的國家，都有正面的影響。

法西斯主義

法西斯主義最早來源於拉丁文「Fascis」，原義是指「捆在一起的一束棍棒，中間插著一柄斧頭」，乃是古羅馬高官的權力象徵，萬眾團結一致，服從共同意志和權力」。

法西斯主義生於陷入經濟大恐慌的年代。政治、經濟和社會動盪的加劇，使得民生處境惡化，不滿於現狀的中產階級、尋求新政的政府、侵略戰爭的野心，促成法西斯主義的誕生。

西元 1919 年，出現最初的法西斯組織：德國工人黨、義大利的「戰鬥法西斯」和日本的猶存社。1920 年 4 月，德國工人黨改稱德國國家社會主義工人黨；1921 年 11 月，義大利法西斯黨成立，1922 年 10 月發動進軍羅馬的政變，在義大利建立法西斯專制政權；1926 年，義大利的法西斯政體漸趨完整。日本繼猶存社之後，也出現民間法西斯團體和軍隊的法西斯運動。

西元 1920 年代末期，世界出現戰後的經濟大恐慌（或稱大蕭條）的動亂，使法西斯主義開始惡性發展。德國納粹黨迅速攀升為德國第一大黨。

從西元 1931 年日本侵華的「九一八事變」起，日本逐漸走上侵略和法西斯軍國主義化的道路。在日本以軍政合一為中心，從發動侵略戰爭著手，透過天皇領導的政治體系，自上而下逐步法西斯化，以進一步擴大侵略戰爭的行動。西元 1926 年，日本建立法西斯式的軍國統治。西元 1940 年大政翼贊會的成立，象徵日本法西斯主義體制的成熟。

在世界上，1933 年 10 月，法西斯主義的傳播遍及 23 個國家，半年後增加至 30 個國家。法西斯主義是在特定歷史條件下形成的民族性反動，反對民主主義和自由主義，主張建立以集權統治，實行全面統制和恐怖鎮壓。並仇視社會主義和無產階級革命，狂熱鼓吹民族主義、奉行重分世界的戰爭政策。法西斯主義以中產階級為主力，但實質上代表上層統治階級的利益取向和目的。

小知識 —— 反法西斯統一戰線

在全世界受到法西斯侵略和戰爭威脅的情況下，為領導人民進行反法西斯抗爭，於 1935 年，共產國際在莫斯科召開第七次代表大會。共產國際領導人季米特洛

夫，號召工人階級實團結，建立包括工人、農民、中產階級、知識份子在內的反法西斯統一戰線。

第七次大會決議表明：「努力爭取在無產階級領導下，聯合農民、城市小資階級，和被壓迫的民族群眾時，共產黨人必須謀求建立反法西斯人民陣線」。大會還決議，為適應各國反法西斯抗爭的具體訴求，加強各國共產黨的自主性。共產國際「第七次大會」提出的反法西斯抗爭的政策，領導各國共產黨的活動，推動世界紅黨的反法西斯革命。

軸心國協定

法西斯國家從對外侵略中獲得物質、人力資源，占據許多戰略要地，實力大增。西方大國的縱容使法西斯國家更有恃無恐，世界局勢開始朝向戰爭方向發展。

在侵略擴張的過程中，德國的法西斯選擇於歐洲擴張、義大利法西斯在非洲大肆侵略及殖民、日本軍國主義在大東亞的侵略，使得三國與英、法、美等西方大國的矛盾日益激化。出於共同利益需求，法西斯國家決定進一步結盟。

西元 1936 年，德國祕密簽訂《德義議定書》，商定加強對外侵略的合作，形成「柏林 —— 羅馬軸心」。由於時機尚不成熟，法西斯國家不願意過早和西方對立，但感受到蘇

聯、共產國際是它們進行侵略的阻礙。於是,「反共」即成為結盟的優先共識。在「柏林 —— 羅馬軸心」形成後不久,德日也簽署《反共產國際協定》。

西元 1937 年,義大利也加入協定,德、義、日三國軸心正式確立。從此,法西斯軍國主義互相支持,肆意擴大侵略,第二次世界大戰已悄然暗湧。

德國突襲波蘭

西元 1939 年 9 月 1 日,德軍集結 160 萬軍士、6,000 門大炮、2,000 多輛坦克的強大兵力,對波蘭發動了「閃電戰」。波軍奮力抵抗,但陳舊的武器裝備和粗劣的戰技,無力抵禦德軍的閃電戰。波軍節節敗退,大片國土淪失陷。英、法對德提出停止戰爭的訴求無效,被迫於 9 月 3 日對德宣戰。蘇聯趁德軍入侵波蘭之際,開始向西擴展疆域,建立「東方戰線」。第二次世界大戰至此全面爆發,宣告英、美綏靖政策的失敗。

敦克爾克大撤退

英、法宣戰後,苦苦等待德國反撲蘇聯,坐視德國對波蘭的進攻。西元 1940 年 4 月 9 日開始,德軍開始在西線大舉侵略北歐和西歐諸國,占領丹麥、挪威、盧森堡、荷蘭和比

利時等國。同時，德軍繞過法軍重兵設防的馬奇諾防線，直逼法國境內。

　5月下旬，德軍前鋒直指英吉利海峽。英、法、比聯軍約40萬人，被德軍追逼至法國敦克爾克港附近的三角地帶，在英國空軍的掩護下，從5月26日晚間到6月4日下午緊急撤退。經過拚死奮戰，約有34萬人撤至海峽內，保存戰力，但武器裝備幾乎全部丟失。這就是歷史上著名的敦克爾克大撤退。

═ 不列顛之戰 ═

　西元1940年7月10日開始，德國空軍對英國港口、護航艦隊展開轟炸，揭開不列顛之戰序幕。同年8～10月，德軍共出動飛機46,000架，投彈量約6萬噸，最多於一天內出動1,786架戰機，炸毀建築約100萬棟，企圖迫使英國屈服。英國軍民誓死抵抗，首相邱吉爾政府奮力一戰。史稱「不列顛之戰」。

　10月，希特勒準備進攻蘇聯，終於放棄進攻英國本土。首相邱吉爾領導英國軍民堅持抗戰，粉碎希特勒征服全歐洲的圖謀，死守戰線。

═ 德軍突襲蘇聯 ══════════

西元 1941 年 6 月 22 日凌晨，德軍集中總計 550 多萬人，4,000 餘輛坦克戰車，5,000 架戰機的強大兵力，向蘇聯發動突襲，戰區進一步擴大。

蘇軍猝不及防，初戰失利，大片領土淪陷。德軍分三路進攻蘇聯，分別指向列寧格勒、莫斯科、基輔等大城。德軍進展順利，到同年 11 月，占領蘇聯 150 多萬平方公里的土地，區域占有蘇聯約 40% 的人口及大部分工業區。蘇聯還損失大量軍隊和武器裝備。蘇德戰爭正式爆發。

═ 莫斯科保衛戰 ══════════

蘇聯儘管多次得到德軍即將進攻的情報，但蘇聯領導人堅守蘇德互不侵犯的條約，認為德國在侵略英國以前不會針對蘇聯，未做臨戰準備。於是，蘇軍戰力在戰爭初期受到嚴重削弱。雖然蘇聯和日本簽訂中立條約，達成避免兩線作戰的目的，但蘇軍在防禦戰略上犯下嚴重錯誤，將主要兵力和軍用物資配置在國境線附近，致使戰爭一開始就遭到德軍閃電戰的沉重打擊。前線一旦被突破，很難組織防禦陣線。蘇聯紅軍在艱難的情況和德軍交戰。

西元 1941 年 10 月，德軍進攻莫斯科。這是蘇德戰爭爆發後的第一次大會戰，希特勒企圖消滅紅軍主力並占領莫斯

科,爭取在入冬前打敗蘇聯。希特勒宣稱十天內要攻下莫斯科。蘇聯軍民在史達林的領導下奮力抵抗。莫斯科市民面臨大敵當前,號召 45 萬人構築起 320 多公里的防禦工事,蘇聯人民努力克服後勤補給的貼文,頑強抵抗德國納粹軍。

西元 1941 年 11 月 7 日,是十月革命 24 周年紀念日,蘇聯紅軍在史達林閱兵後,直接開赴前線,增強蘇聯人民戰勝德國納粹的決心。12 月 6 日,紅軍開始反撲,至西元 1942 年 1 月中為止,紅軍共殲敵 55 萬人,摧毀和繳獲坦克 1,500 輛,取得莫斯科保衛戰的勝利。這是侵略開始以來,德軍遭受的首次大敗,摧毀德軍「難以戰勝」的神話。

日軍偷襲珍珠港

西元 1940 年 7 月,日本近衛內閣正式拋出「大東亞共榮圈」計畫,確定「南進」的侵略,企圖進一步向東南亞擴張,建立亞洲、太平洋地區的霸權。日本政策嚴重瓜分美、英的既得利益,美、英等國對日本實行貿易禁運,禁止向日本出口鋼鐵、石油等戰略物資。對戰略物資嚴重依賴進口的日本造成沉重打擊。

日本軍部決定趁美國尚未準備就緒之際,發動突擊並取得主動權。美國政府奉行孤立主義政策,小覷日本軍力,對日本在東亞的侵華戰爭,採取綏靖政策,僅實行經濟制裁,

希望能約束日本的侵略野心，並不想過分刺激日本，更不願「過早」捲入戰爭。但是，日本軍部認為當時美、英軍事重心側重於大西洋地區戰線，日本在太平洋的軍事實力暫居上風。但日軍明白一旦美國準備就緒，優勢即會消逝，只有先發制人，取得制海權並占領東南亞地區，奪取當地戰略資源，才能構成持久戰的有利形勢。

西元 1941 年 12 月 7 日凌晨，日本海、空軍在山本五十六的指揮下，以六艘航母為主力，組成聯合艦隊，對美國在太平洋的海軍基地 —— 夏威夷瓦胡島的珍珠港進行突襲，以 28 架戰機的代價，重創美國太平洋艦隊。法西斯軍國主義又一次閃電戰，宣示太平洋戰爭的爆發。

西元 12 月 8 日，美國正式對日宣戰，世界上有二十多個國家捲入太平洋戰爭。第二次世界大戰規模進一步擴大。此後，日軍陸續占領泰國、香港、關島、威克島、馬來西亞、新加坡、緬甸、菲律賓、印尼等東南亞地區，和太平洋上的許多小島嶼。至此，第二次世界大戰達到最大規模。

世界反法西斯同盟的建立

隨著法西斯勢力不斷擴大，美國出於自身安全和利益的考量，改變以往「中立」態度，加強對英國等反法西斯國家的援助。

西元 1941 年秋，羅斯福和邱吉爾在大西洋軍艦上會談，發表聯合宣言，稱《大西洋憲章》。《大西洋憲章》提出尊重各國的領土和主權，宣導自由、和平，反對侵略與殖民。同時，美、英也藉機加強對蘇聯的援助。

西元 1942 年初，中、美、英、蘇等二十六個國家的代表共聚於華盛頓，簽署《聯合國家宣言》。各國「深信完全戰勝敵國，對於保衛生命、自由、獨立和宗教自由，並對保全其本國和其他各國的人權和正義非常重要。同時，各國現在正對力圖征服世界的野蠻、殘暴力量，從事共同的抗爭」，保證以全部的軍事和經濟資源，團結一致，徹底打敗軸心國及其追隨者。至此，世界反法西斯同盟正式建立。

反法西斯同盟建立以後，壯大反法西斯的力量，鼓舞世界人民反對法西斯的鬥志，加速了反法西斯戰爭的勝利進程。

世界反法西斯戰爭的轉捩點

莫斯科戰役以後，受重創的德軍無力再對蘇聯發動攻勢。希特勒決定集中力量轉而進攻南線，企圖占領蘇聯戰略要地史達林格勒，以便奪取蘇聯南方重要的糧食、石油產區，進而襲上莫斯科。

西元 1942 年夏，德軍集中兵力進行南北夾擊，向史達林

格勒發動猛攻。史達林格勒的蘇聯守軍誓死抵抗，德軍始終未能占領史達林格勒，反而過度消耗戰力，蘇軍則贏得集結力量的寶貴時間。同年冬，蘇軍發動大規模反攻，分割包圍史達林格勒附近的德軍主力。在斯大林格勒戰役中，德軍損失 33 萬兵力，被俘軍官中有一名元帥、二十四名將軍，損失3,000 多輛坦克、3,000 多架戰機和 12,000 門火炮，元氣大傷。西元 1943 年 2 月，蘇軍取得史達林格勒戰役的輝煌勝利。

從此，蘇軍開始轉入戰略反攻。史達林格勒戰役改變蘇、德戰場的形勢，鼓舞世界各國人民的士氣，鞏固反法西斯同盟的勢力，促使法西斯集團內部的瓦解。史達林格勒戰役是第二次世界大戰的重要轉捩點。

西元 1942 年，日軍為摧毀美國太平洋艦隊，派出龐大艦隊，進攻美軍駐守的中途島。日本海軍的作戰計畫是佯攻其他島嶼，引誘美國艦隊馳援，中途伏擊美艦，同時攻占中途島。但是，美軍破譯日軍軍報密碼，對日軍行動了若指掌，提前做好周密的應戰部署。

6 月 4 日，日本艦載著戰機攻擊中途島，遭到準備就緒的美軍的反撲。當日本飛機改裝炸彈，準備再次攻擊中途島時，埋伏在附近的美軍戰機出動，轟炸失去戰鬥機保護的日軍艦隊。最終，美軍擊沉日軍四艘航空母艦，而只損失一艘航空母艦。

太平洋戰場形勢發生重大轉折，日軍在太平洋無力發動大規模進攻。被迫由進攻轉為防守，美軍則轉守為攻。

在北非戰場，德、義軍一度占據優勢，英軍被迫退到埃及的阿拉曼附近。阿拉曼距亞歷山大港只有大約一百公里，離開羅不遠，德軍一旦占領阿拉曼，就可能直接占領整個埃及，繼而威脅蘇伊士運河和中東地區，切斷英國與印度等海外殖民地的聯繫。英軍必須設法阻止德軍的進攻。

為扭轉局面，西元 1942 年秋，英將蒙哥馬利率軍反擊。同年 10 月，英軍 1,000 多門大炮齊發，向德、義軍隊發動強攻。一個多星期後，德、義軍隊防線崩潰，西退 1,000 公里，戰力損失過半，只剩下 12 輛坦克。

北非戰場形勢驟變。接著，美、英軍隊在西西里島和義大利南部登陸。義大利內部發生政變，墨索里尼的法西斯政府垮臺。1943 年 9 月，義大利投降，軸心國開始瓦解。

小知識 —— 戰後的美國

戰後初期，在西歐各國因大戰而普遍衰弱的形勢下，美國成為頭號強國。

美國擁有當時世界上最強大的軍力，1945 年，美國軍隊人數達到 1,200 多萬人，擁有 30 艘航空母艦和 1,000 多艘戰艦。戰後初期，美國在全世界 50 多個國家建立近

500 個軍事基地，壟斷原子彈的製造技術。

以經濟層面來看，美國不僅有最雄厚的工業實力，和最豐富的黃金儲備量，還建立以美元為中心的世界貨幣制度。這種貨幣制度的特色是美元與黃金兌換掛鉤，其他國家貨幣與美元兌換掛鉤。西元 1947 年，美國又倡議成立關稅與貿易總協定，以經濟實力控制更廣闊的世界市場。

聯合國的成立

西元 1945 年春天，中、美、英、蘇等五十個國家的領袖、代表，在美國舊金山開會，商議建立聯合國。10月，《聯合國憲章》正式生效，聯合國成立。

聯合國總部設在美國紐約，主要機構有聯合國大會、安全理事會等。西元 1946 年 1 月，聯合國正式開始運作。至至 1994 年初，聯合國已增至共 185 個會員國。1965 年以前，非常任理事國只有六個，1965 年後增為十個。非常任理事國由聯合國大會選出，任期兩年，每年改選其中五個。安全理事會簡稱安理會，由五個常任理事國、十個非常任理事國組成。常任理事國為中、蘇、美、英、法五國。聯合國憲章規定，安理會是聯合國中，唯一有權採取行動維持國際和平、安全的機構。同時規定，安理會五個常任理事國的任何一國

都有否決權。

　　聯合國的宗旨是維護國際和平及安全，維繫各國間的平等友好關係，促進國際合作，協調各國行動。為此，《聯合國憲章》規定各會員國必須遵守的原則，如主權平等、互不侵犯、互不干涉內政、和平共處等。不過在聯合國成立初期，實際上為美國主導一切事務。

═ 第三世界 ═══════

　　西元 1974 年，毛澤東提出美、蘇屬於第一世界；西歐、加拿大和日本屬於第二世界；包括中國在內的開發中國家都屬於第三世界。儘管對「三個世界」的概念各有理解，但「第三世界」的界定被世界上多數國家接受。主要指擺脫帝國主義壓迫、殖民統治並獲得獨立的亞洲、非洲、拉丁美洲等多數開發中國家。

　　西元 1970 至 1980 年代，第三世界在國際事務中的影響力逐漸提升。反映在聯合國的政務變化，以及第三世界國家爭取建立國際經濟新秩序的改革之上。

　　聯合國建立之初，美國一度主導聯合國事務，將它作為稱霸世界的媒介。但隨著愈來愈多第三世界的國家加入聯合國，聯合國不再由大國所主導，而更趨平等、和諧。

　　西元 1971 年，在第三世界國家的訴求下，中華人民共和

國在聯合國取得合法席位。第三世界國家提出改變舊的國際
經濟關係，建立互相合作、平等互利的經濟秩序。

西元 1960 年代，第三世界國家建立的國際經濟組織
「七十七國集團」，到西霤 1980 年代時，其成員已增至 110
多個。此組織主要透過與已開發國家在聯合國進行商議，來
實現建立國際經濟新秩序，並擺脫西方殖民經濟的影響。

不結盟運動和第三世界的崛起，翻攪世界的政局。西
元 1989 年，柏林圍牆拆除，大量德國公民外逃的浪潮，使
長期保持穩定的民主政局出現動盪。此時，德國統一社會黨
領導下臺，隨後改變執政方針：承認反對派組織「新論壇」
為合法組織、政府宣布開放東、西柏林邊界，拆除「柏林圍
牆」，並實行多黨制。第二年春天，稱為「德國聯盟」的三
個反對黨聯盟於大選中獲勝。西元 1989 年 10 月，實現東、
西兩德的統一。

西元 1989 年 12 月，羅馬尼亞西部的城市蒂米什瓦拉，
出現抗議解除一名持不同政見的神父職務，所舉行的群眾
示威，最終演變成動亂。不久，羅馬尼亞首都布加勒斯特也
引起騷亂，軍隊倒戈。外逃的黨員和國家領導人西奧塞古
（Nicolae Ceauşescu）被捕，並遭祕密處決。救國陣線委員會
取代羅馬尼亞共產黨執政。

此外，在保加利亞、匈牙利、捷克、斯洛伐克、阿爾巴

尼亞、南斯拉夫等東歐國家,都發生了政權更替、社會制度劇變的事件。

　　中、東歐國家的政變,是各國長期積累的各種矛盾爆發,並非一時一地的反動革命。

北美自由貿易區形成

　　北美自由貿易區為包括加拿大、墨西哥和加勒比海等國在內的北美共同市場。共同貿易區的構想,最早出現於西元 1979 年美國國會關於貿易協定的提案中。西元 1980 年,美國前總統雷根在其競選政見中,再次提出包括美國、加拿大、墨西哥及加勒比海等國在內的「北美共同市場」的構思。但由於種種因素,共同市場沒有受到重視,直到西元 1985 年才開始逐步建構。

　　西元 1980 年代中期以後,歐洲經濟一體化的進程不斷加快,日本對美國、加拿大的市場也造成很大的威脅。致使美、加兩國在國際的經濟地位和競爭優勢相對減弱,這促使雙方都意識到,需要進一步繫緊雙邊經濟貿易關係的必要性。

　　為加強北美地區的經濟競爭能力,以及滿足各自經濟發展的訴求,於西元 1985 年 3 月,加拿大總理梅隆尼(Martin Brian Mulroney)在與美國總統雷根會晤時,首次正式提出

美、加兩國加強經濟合作、實行自由貿易的主張。

經過近一年的商議，到 1986 年，美國和加拿大兩國議定簽訂「自由貿易協定」，作為建立北美自由貿易區的第一步。

西元 1988 年 1 月 2 日，美、加兩國正式簽訂美、加自由貿易協定，建立美、加自由貿易區。西元 1989 年 1 月 1 日，該協定正式生效。按照協定，美國和加拿大兩國將在十年內，共分三次取消一切關稅，大幅度降低非關稅壁壘。

同時，美國還與墨西哥簽署了《自由貿易協定大綱》，並就美國和墨西哥兩國貿易自由的細節進行商談。

此外，美國還以加勒比海等國不可損害美國利益為條件，單方面提供地區性特惠待遇，在美國歷史上首次給予最惠國待遇。

西元 1993 年 8 月 13 日，美國、加、墨三國同時宣布：三國已就北美自由貿易協定的勞務和環境附加條約達成協議，三國通向建立共同市場的路已不遠了。

西元 1994 年 1 月 1 日，由美、加、墨三國共同簽署的北美自由貿易協定正式生效，北美自由貿易區宣告誕生。

據西元 1991 年時統計，北美自由貿易區擁有約接近 4 億人口，面積為 2,130 萬平方公里，國內生產總值達 6 萬多億美元，年出口總額近 6,000 億美元，進口總額約 7,000 億美元，其經濟實力超越歐盟，為世界第二大區域合作聯盟。

　　北美自由貿易協定是北美自由貿易區建立的藍本，其宗旨是取消貿易壁壘，創造公平競爭的條件。增加投資機會、保護智慧財產權，並建立執行協定和解決爭端的有效措施，促進多邊合作。

　　北美自由貿易區是世界上首個，由已開發國家和開發中國家聯合組成的貿易集團。成員國之間的經濟結構具有互補性和依存性，又具有明顯的不對稱性。因此，北美自由貿易區的建立，對北美、南美的政治局勢，以致對冷戰結束後世界新經濟格局的形成，都產生重大而深遠的影響。

歐洲聯盟建立

　　西元 1946 年 9 月，英國首相邱吉爾曾提議建立「歐洲合眾國」。西元 1950 年 5 月 9 日，當時的法國外交長官羅貝爾·舒曼（Jean-Baptiste Nicolas Robert Schuman，西元 1886 ～ 1963 年）代表法國政府提出建立歐洲煤鋼聯營的倡議，並得到法、德、義、荷、比、盧六國的回應。

　　西元 1951 年 4 月 18 日，法國、德意志聯邦、義大利、荷蘭、比利時和盧森堡六國，在巴黎簽訂建立歐洲煤鋼共同體條約（又稱《巴黎條約》）。西元 1952 年 7 月 25 日，歐洲煤鋼共同體正式成立。

　　西元 1857 年 3 月 25 日，這六個國家又在羅馬簽訂建立

歐洲經濟共同體條約，和歐洲原子能共同體條約，統稱《羅馬條約》。西元 1958 年 1 月 1 日，歐洲經濟共同體、歐洲原子能共同體正式建立。

西元 1965 年 4 月 8 日，六國所簽訂的《布魯塞爾條約》決定將三個共同體合併，統稱為歐洲共同體。但三個組織仍然獨立存在，具有獨立的法人資格。

《布魯塞爾條約》於西元 1967 年 7 月 1 日正式生效。至此，歐洲共同體正式成立。

西 1973 年後，英國、丹麥、愛爾蘭、希臘、西班牙和葡萄牙等國也先後加入了歐洲共同體，成員國擴大到十二個。隨後，這時十二個國家間建立關稅同盟，統一外貿、農業政策，創立歐洲貨幣體系，並建立統一預算和政治合作制度，逐步發展成為歐洲國家經濟、政治的代言體。

西元 1991 年 12 月 11 日，歐洲共同體於荷蘭馬斯特里赫特舉辦首腦會議，通過以建立歐洲經濟貨幣聯盟和政治聯盟為目標的《歐洲聯盟條約》，也稱《馬斯特里赫特條約》（簡稱「馬約」）。西元 1993 年 11 月 1 日，「馬約」正式生效，歐洲共同體更名為歐盟。象徵歐洲共同體由經濟共同體向經濟及政治共同體的轉變。

西元 1995 年，奧地利、瑞典和芬蘭加入歐盟，使歐盟成員國擴增至共十五個。西元 2002 年 11 月 18 日，歐盟十五個

國家的外交部長會議舉行，決定邀請賽普勒斯、匈牙利、捷克、愛沙尼亞、拉脫維亞、立陶宛、馬爾他、波蘭、斯洛伐克和斯洛維尼亞等十個中、東歐國家入盟。

西元 2003 年 4 月 16 日，在希臘首都雅典舉行歐盟會議上，上述十個國家正式簽署入盟協議。西元 2004 年 5 月 1 日，這十個國家正式成為歐盟成員國。這是歐盟歷史上的第五次成員國擴增，也是規模最大的一次。

西元 2007 年 1 月，羅馬尼亞和保加利亞兩國加入歐盟，歐盟共經六次擴增，最終發展成為涵蓋二十七個國家、總人口五億、國民生產總值高達十二萬億美元的國家聯合體，無論在經濟、政治、政策上，都是統合度最高的國家聯盟。

欧洲联盟建立

電子書購買

國家圖書館出版品預行編目資料

零廢話歷史課：宗教派系 × 經濟權衡 × 政治
鬥爭，誰說史實不能比八點檔更狗血！/ 陳深
名著 . — 第一版 . — 臺北市：崧燁文化事業有
限公司 , 2023.03
面；　公分
POD 版
ISBN 978-626-357-202-7(平裝)
1.CST: 世界史 2.CST: 通俗史話
711　　　112002228

零廢話歷史課：宗教派系 × 經濟權衡 × 政治鬥爭，誰說史實不能比八點檔更狗血！

臉書

作　　　者：陳深名
發 行 人：黃振庭
出 版 者：崧燁文化事業有限公司
發 行 者：崧燁文化事業有限公司
E - m a i l：sonbookservice@gmail.com
粉 絲 頁：https://www.facebook.com/sonbookss/
網　　　址：https://sonbook.net/
地　　　址：台北市中正區重慶南路一段六十一號八樓 815 室
Rm. 815, 8F., No.61, Sec. 1, Chongqing S. Rd., Zhongzheng Dist., Taipei City 100,
Taiwan
電　　　話：(02) 2370-3310　　　傳　　　真：(02) 2388-1990
印　　　刷：京峯彩色印刷有限公司（京峰數位）
律師顧問：廣華律師事務所 張珮琦律師

─版權聲明─

本書版權為作者所有授權崧博出版事業有限公司獨家發行電子書及繁體書繁體字版。
若有其他相關權利及授權需求請與本公司聯繫。
未經書面許可，不得複製、發行。

定　　　價：350 元
發行日期：2023 年 03 月第一版
◎本書以 POD 印製